NÄH DIR DEN SOMMER

Accessoires für die schönsten Anlässe unter freiem Himmel

INHALT

6 Frühstück unter freiem Himmel

8 Tischläufer zum Wenden

10 Tragetablett

12 Tischset aus Geschirrhandtuch

14 Marmeladekörbchen

16 Eierwärmer

18 Brotkorb

20 Sitzsack

22 Grüne Oase

24 Gartenunterlage

26 Hängetöpfe

28 Pflanzkorb

30 Box für Samentüten

34 Topfdeko

38 Familienfest

40 Wendetischdecke
»Du bist raus«

42 Abdeckhaube

44 Laternen

46 Vasenhussen

48 Tischtuchbeschwerer

50 Kaffeeklatsch mit Freundinnen

52 Große Tischdecke

54 Kuchentasche

56 Transporteur für Zuckerdose und
Milchkännchen

58 Matrioschka-Platzdeckchen

60 Sommerlicher Untersetzer
in Blumendesign

62 Tassencosy

64 Runde Sitzkissen

66	**Open Air Kino**	92	**Büro im Grünen**
68	Liegematten	94	Stiftebox
71	Picknicktasche	96	Läufer
74	Windlichter	98	Tablethülle
76	Kuscheldecke	102	Pinnwand
78	Bunte Schalen	104	Paravent
80	**Sonnenbaden**	106	**Auszeit**
82	Nackenhörnchen	108	Balkongirlande
84	Liegestuhlkissen	110	Kimono
86	Liegenauflage mit Utensilo	112	Haarband
88	Dosenkühler	114	Hängematte
90	Brillenetui	116	Sitzpouf
		118	Balkonsichtschutz
		120	Schlafmaske
		123	**Und so geht's**

3

Vorwort

Wenn die ersten warmen Tage alle nach draußen locken und die Blumen wieder beginnen zu sprießen, dann ist klar: Die Freiluftsaison steht vor der Tür!

Heißen Sie die sonnige Jahreszeit willkommen und nähen Sie sich für die acht schönsten Draußenanlässe wunderbare und kreative Modelle.

In diesem Buch finden Sie über 40 Nähprojekte, die Balkon, Terrasse und Garten verschönern.

Einen praktischen Kuchentransporteur für den gemeinsamen Kaffeeklatsch mit der besten Freundin am Nachmittag, oder wandelbare Liegematten für den nächsten Open-Air-Kino-Besuch haben Sie im Handumdrehen mithilfe der ausführlichen Anleitungen in diesem Buch genäht.

Legen Sie los und nähen Sie sich den Sommer!

TISCHLÄUFER ZUM WENDEN

mit feiner Spitzenbordüre

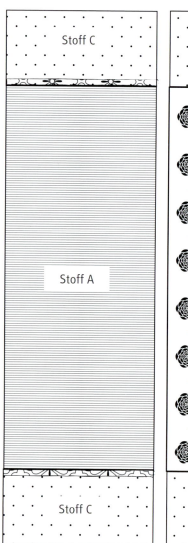
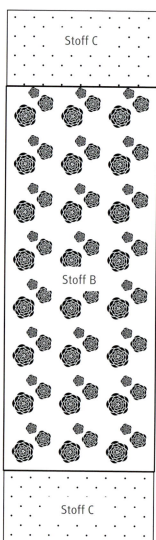

ANLEITUNG

1. Die Bordüre aus Lochstickerei an je ein Teil aus Stoff C rechts auf rechts annähen. Die Teile aus Stoff C mit Bordüre und das Mittelteil aus Stoff B rechts auf rechts an der kurzen Kante zusammennähen. Die Naht so ausbügeln, dass die Bordüre auf Stoff C liegt.

2. Die beiden andere Teile aus Stoff C rechts auf rechts an die kurzen Kanten von Stoff A nähen und die Nahtzugaben flach auseinanderbügeln.

3. Nun beide Läuferteile rechts auf rechts heften und rundherum bis auf eine Wendeöffnung von ca. 10 cm zusammennähen. Die Nahtzugabe zurückschneiden. Den Läufer wenden und bügeln und die Wendeöffnung mit kleinen Handstichen schließen.

Maßstab 1:10

SCHWIERIGKEITS-GRAD 1-2

GRÖSSE
ca. 150 cm x 40 cm

MATERIAL
- Baumwollstoff in Bunt gestreift (Stoff A), 45 cm x 115 cm
- Baumwollstoff mit Rosenmuster (Stoff B), 45 cm x 115 cm
- Baumwollstoff in Hellgrün gepunktet (Stoff C), 45 cm x 90 cm
- Lochstickerei-Bordüre in Weiß, ca. 3 cm breit, 90 cm lang

ZUSCHNITT
- Stoff A: 114 cm x 42 cm
- Stoff B: 114 cm x 42 cm
- Stoff C: 4 x 21 cm x 42 cm

TRAGETABLETT
aus einem alten Karton

SCHWIERIGKEITS-GRAD 1–2

GRÖSSE
ca. 40 cm x 32 cm

MATERIAL
- Beschichteter Baumwollstoff mit Blümchenmuster (Stoff A), 90 cm x 150 cm
- Baumwollstoff in Blau-Weiß gepunktet (Stoff B), 8 cm x 25 cm
- Filz in Rot und Pink, jeweils 10 cm x 25 cm
- Bordüre aus Lochstickerei in Weiß, ca. 6 cm breit, 150 cm lang
- Volumenvlies zum Aufbügeln, 90 cm x 85 cm
- Gebrauchter Karton, ca. 40 cm x 30 cm x 12 cm
- Decovil, 40 cm x 30 cm
- Doppelseitiges Klebeband

ZUSCHNITT
Die Teile gemäß Schnitt mit 1 cm Nahtzugabe zuschneiden. Das Volumenvlies auf die linke Stoffseite von Teil 1 bügeln.

SCHNITTMUSTER
Die Vorlagen zu dieser Anleitung steht im TOPP Download-Center unter www.topp-kreativ.de/downloadcenter nach erfolgter Registrierung zum Download bereit. Der Code zum Freischalten finden Sie im Impressum (PDF-Seite 1-21).

ANLEITUNG

1. Die Schlitze für die Tragebänder gemäß Markierung im Schnittmuster mit spitzer Schere in Stoff A hineinschneiden. Darauf achten, dass diese auf jeden Fall auf der Innenseite des Tragetabletts liegen.

2. Die Nahtzugabe des Zuschnitts aus Stoff B an den Längskanten nach links umbügeln und gemäß Schnittmarkierung auf einen der pinken Filzzuschnitte nähen. Für den zweiten pinken Filzzuschnitt wiederholen.

3. An beide Tragebänder den Filzzuschnitt in Rot auf die Rückseite heften und knappkantig absteppen.

4. Die Enden der Tragebänder rechts auf rechts ca. 2 cm durch die jeweiligen Einschnitte schieben und von der linken Seite knappkantig feststeppen. Von der rechten Stoffseite nochmals absteppen.

5. Die Ecken von Teil 1 rechts auf rechts zusammennähen. Den Karton einsetzen und mit doppelseitigem Klebeband Teil 1 daran fixieren.

6. Die Teile für den Innenboden rechts auf rechts an drei Seiten zusammennähen. Anschließend Decovil einschieben und die offene Kante mit doppelseitigem Klebeband verschließen. Den Boden in den Karton legen und ebenfalls mit dem Klebeband fixieren.

7. Die Bordüre aus Lochstickerei rundherum an der oberen Kante mit festen Handstichen annähen.

TISCHSET AUS GESCHIRRHANDTUCH

Lässig im Karomuster

ANLEITUNG

1. Stoff C rechts auf rechts auf den Geschirrhandtuchzuschnitt heften, die Seitenkanten bis auf eine Wendeöffnung von 5 cm zusammennähen und wenden.

2. Entlang des Karomusters horizontal und vertikal absteppen, die Wendeöffnung wird dabei mit geschlossen.

3. Das Schnittteil aus Stoff A rechts auf rechts in den Umbruch legen und die seitlichen Kanten zusammennähen. Die Nahtzugabe knapp zurückschneiden und den Stoff wenden.

4. Nun dieses Teil rechts auf rechts an das Geschirrhandtuchteil heften, annähen und verstürzen. Die offene Kante auf der Rückseite anheften und in der Naht absteppen.

5. Das Ganze noch einmal wiederholen mit dem Schnittteil aus Stoff B.

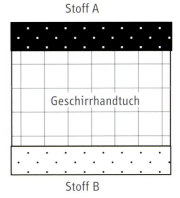

SCHWIERIGKEITSGRAD 1

GRÖSSE
ca. 35 cm x 40 cm

MATERIAL
- Gebrauchtes oder neues Geschirrhandtuch in Rot-Weiß kariert
- Baumwollstoff in Rot gepunktet (Stoff A) und in Hellblau (Stoff B), je ca. 20 cm x 45 cm
- Baumwollstoff in Weiß (Stoff C), ca. 25 cm x 45 cm
- Volumenvlies zum Aufbügeln, 65 cm x 45 cm

ZUSCHNITT
- Das Geschirrhandtuch auf ca. 24 cm x 42 cm zuschneiden. Darauf achten, dass das Karomuster symmetrisch verläuft.
- Stoff A und B: je 18 cm x 45 cm
- Stoff C: ca. 24 cm x 42 cm (dem Zuschnitt des Geschirrhandtuchs anpassen)
- Volumenvlies: 24 cm x 42 cm, 18 cm x 45 cm (2 mal)
- Das Volumenvlies auf die linke Stoffseite des Geschirrhandtuchs und auf die Teile aus Stoff A und B bügeln.

MARMELADE-KÖRBCHEN
mit praktischen Tragehenkeln

SCHWIERIGKEITSGRAD 2

GRÖSSE
ø ca. 20 cm x ca. 15 cm

MATERIAL
- Beschichteter Baumwollstoff mit Blümchenmuster (Stoff A), 45 cm x 70 cm
- Baumwollstoff in Hellblau gepunktet (Stoff B), 30 cm x 35 cm
- Baumwollstoff mit Paisleymuster (Stoff C), 25 cm x 70 cm
- Volumenvlies zum Aufbügeln, 45 cm x 70 cm
- Decovil, 20 cm x 20 cm
- Filz in Pink, 4 cm x 50 cm
- Doppelseitiges Klebeband
- 2 Druckknöpfe in Pink

ZUSCHNITT
Die Teile gemäß Schnitt mit 1 cm Nahtzugabe zuschneiden. Das Volumenvlies auf die linke Stoffseite von Seitenteil und Boden bügeln.

SCHNITTMUSTER-BOGEN A

ANLEITUNG

1. Die Seitennaht des Seitenteils aus Stoff A rechts auf rechts heften und zusammennähen. Mit dem Seitenteil aus Stoff C wiederholen.

2. Den Aufhänger aus Filz gemäß der Markierung im Schnittmuster rechts auf rechts an das Bodenteil aus Stoff B nähen.

3. Den Boden aus Stoff A rechts auf rechts an das Seitenteil aus Stoff A heften und zusammennähen.

4. Den Boden aus Stoff B rechts auf rechts an das Seitenteil aus Stoff C heften und zusammennähen.

5. Anschließend die Teile rechts auf rechts ineinanderschieben und die obere Kante bis auf eine Wendeöffnung von ca. 5 cm zusammennähen.

Die Nahtzugabe knapp zurückschneiden und das Teil wenden.

6. Die Wendeöffnung mit Handstichen schließen und dann gemäß der Markierung im Schnittmuster die obere Kante in den Umbruch legen.

7. Die Nahtzugaben des Streifens aus Stoff B umbügeln und den Streifen gemäß der Markierung im Schnittmuster knappkantig auf das Filzband steppen. (Es empfiehlt sich, den Stoffstreifen vor dem Aufsteppen mit doppelseitigem Klebeband auf dem Filz zu fixieren, damit nichts verrutschen kann.) Zum Schluss die Druckköpfe gemäß Schnittmarkierung nach Herstelleranleitung anbringen.

EIERWÄRMER

fröhliche Patchwork-Tupfer auf der Frühstückstafel

ANLEITUNG

1. Die Schnittteile 1 und 2 jeweils an der geraden Kante rechts auf rechts zusammennähen.

2. Die Zackenlitze jeweils auf die Naht heften und mit einem breiten Zickzackstich aufnähen.

3. Das Satinband zu einer Schlaufe legen, den Perlmuttring durchziehen und gemäß der Markierung im Schnittmuster auf ein Schnittteil für die Außenhülle des Eierwärmers steppen, die offenen Bandkanten liegen dabei bündig zum Rand.

4. Beide Eierwärmer-Teile rechts auf rechts heften und die abgerundete Kante zusammennähen. (Die Bandschlaufe wird dabei nochmals mitgefasst.) Die Nahtzugabe knapp zurückschneiden und den Eierwärmer wenden.

5. Nun die Teile für das Innenfutter rechts auf rechts heften und zusammennähen.

6. Anschließend das Innenfutter rechts auf rechts an das Außenteil heften und die untere Kante bis auf einen Wendeöffnung von ca. 5 cm zunähen. Wenden und die Öffnung mit kleinen Handstichen schließen.

7. Die Perlmuttanhänger oder Herzanhänger auf jede Seite mittig auf der Zackenlitze von Hand annähen.

SCHWIERIGKEITSGRAD 1

GRÖSSE
ca. 10 cm x 11 cm

MATERIAL
- Baumwollstoff in Rot gepunktet (Stoff A), ca. 16 cm x 12 cm
- Baumwollstoff gestreift (Stoff B), ca. 16 cm x 12 cm
- Baumwollstoff in Hellblau gepunktet (Stoff C), 20 cm x 11 cm
- Volumenvlies zum Aufbügeln, 20 cm x 11 cm
- Zackenlitze in Weiß, 25 cm lang
- Satinband in Hellblau, 10 cm lang
- 2 Perlmuttanhänger oder Herzanhänger
- Perlmuttring

ZUSCHNITT
- Die Teile gemäß Schnitt mit 1 cm Nahtzugabe zuschneiden.
- Das Volumenvlies auf die linke Stoffseite der Teile aus Stoff C bügeln.

SCHNITTMUSTERBOGEN A

BROTKORB
für knusprige Brötchen

ANLEITUNG

1. Das karierte Dekoband halbieren und gemäß der Markierung im Schnittmuster auf zwei gegenüberliegende Seiten vom Schnittteil Seitenteil aus Stoff C nähen. Das Band vorher eventuell mit Heftfaden anheften, damit nichts verrutschen kann.

2. Die Seitennaht rechts auf rechts zusammennähen.

3. Den Boden aus Stoff B rechts auf rechts an das Seitenteil heften und annähen.

4. Wiederholen mit Seitenteil und Boden aus Stoff A.

5. Nun beide Teile rechts auf rechts heften, dabei müssen die Karobänder zwischen den beiden Teilen liegen, und bis auf einen Wendeöffnung von ca. 10 cm zusammennähen. Die Nahtzugaben knappkantig zurückschneiden und an den Rundungen und Ecken vorsichtig einschneiden. Das Teil wenden.

6. Durch die Öffnung den Zuschnitt aus Decovil einschieben und die Wendeöffnung von Hand zunähen.

SCHWIERIGKEITSGRAD 1-2
GRÖSSE
ca. 25 cm x 25 cm x 20 cm

MATERIAL
- Beschichteter Baumwollstoff mit Blümchenmuster (Stoff A), 60 cm x 90 cm
- Baumwollstoff in Hellblau gepunktet (Stoff B), 30 cm x 30 cm
- Baumwollstoff mit Paisleymuster (Stoff C), 35 cm x 90 cm
- Volumenvlies zum Aufbügeln, 60 cm x 90 cm
- Decovil, 30 cm x 30 cm
- Doppelseitiges Klebeband
- Dekoband in Rot-Weiß kariert, ca. 100 cm
- 2 Perlmuttringe

ZUSCHNITT
- Alle Teile gemäß Schnitt mit 1 cm Nahtzugabe zuschneiden.
- Das Volumenvlies entsprechend der Schnittteile auf die linke Stoffseite bügeln.

SCHNITTMUSTERBOGEN A

SITZSACK
gemütlich draußen sitzen

SCHWIERIGKEITSGRAD 2

GRÖSSE

ca. 55 cm x 55 cm x 55 cm
(als Sitzsack)

ca. 100 cm x 100 cm (als Kissen)

MATERIAL

- Beschichteter Baumwollstoff floral gemustert, 105 cm x 105 cm
- Beschichteter Baumwollstoff mit Tupfen (Stoff B), 105 cm x 105 cm
- Baumwollstoff mit Tupfen (Stoff C), 50 cm x 40 cm
- Styroporgranulat-Füllung, ca. 2,5 kg
- Doppelseitiges Klebeband
- Sicherheitsnadel

ZUSCHNITT

- Stoff A und B: je 1 x 102 cm x 102 cm
- Bindebänder Stoff C: 4 x 50 cm x 10 cm

ANLEITUNG

1. Die Bindebänder aus Stoff C jeweils in Längsrichtung rechts auf rechts mittig falten, bügeln, heften und zusammennähen. Jeweils mithilfe einer Sicherheitsnadel die Bindebänder wenden und die Nähte schön flach ausbügeln.

2. In die Ecken des Schnittteils aus Stoff A jeweils ein Bindeband rechts auf rechts annähen. Dann die Bandenden nach innen einschlagen und knapp absteppen.

3. Das Schnittteil aus Stoff B rechts auf rechts auf das Teil aus Stoff A heften und bis auf eine Öffnung von ca. 20 cm rundherum zusammennähen.

4. Das Teil wenden und mit Styroporgranulat füllen.

5. Die Wendeöffnung mit schmalem, doppelseitigem Klebeband verschließen und mit kleinen Handstichen zunähen.

Tipp: Das Kissen kann mithilfe der Bindebänder ganz einfach zum Sitzsack umfunktioniert werden.

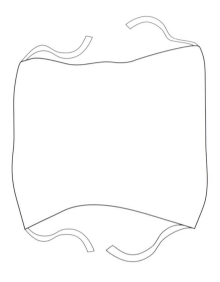

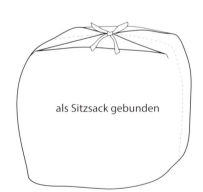

als Sitzsack gebunden

SCHWIERIGKEITSGRAD 1

GRÖSSE
Unterlage ca. 70 cm x 50 cm

MATERIAL
- Wachstuch in Bunt gemustert (Stoff A), 90 cm x 70 cm
- Wachstuch in Türkis mit grünen Punkten (Stoff B), 90 cm x 70 cm
- Volumenvlies H 630, ca. 85 cm x 65 cm
- Vorgefalztes Schrägband in Grün-Weiß kariert, 2 cm breit (fertige Breite 1 cm), ca. 2,90 m lang
- 8 Druckknöpfe „Color Snap" in Hellblau, ø 12,4 mm
- Gurtband in Grün, 3,8 cm breit, 90 cm lang

ZUSCHNITT
Das Schnittteil enthält 1 cm Nahtzugabe. Um den halben Papierschnitt zu erhalten, muss es an der Strich-Punkt-Linie gegengleich ergänzt werden. Die Stoffe jeweils doppelt legen, um den Schnitt ab Stoffbruch (= gestrichelte Linie) spiegelgleich ergänzen zu können. Stepplinie sowie Markierungen für Knöpfe und Gurtband auf die rechte Stoffseite des Außenteils übertragen.

STOFF A:
1x Außenteil

STOFF B:
1x Innenteil

VOLUMENVLIES:
1x Außenteil

SCHNITTMUSTERBOGEN A

GARTENUNTERLAGE
1, 2, 3 zur Tasche umfunktioniert

ANLEITUNG

1. Den Vlieszuschnitt auf die linke Stoffseite des Außenteils bügeln. Das Gurtband für die Henkel halbieren. Jeweils 11 cm von den Enden entfernt eine Linie markieren. Den Abschnitt zwischen den Linien in Längsmitte doppelt legen und die offenen Kanten schmalkantig zusammennähen. Die Bandenden auf der rechten Stoffseite des Außenteils feststecken. Zuerst rechteckig, dann kreuzförmig festnähen, danach die langen Nähte zusätzlich mit dichten Zickzackstichen übernähen.

2. Außen- und Innenteil links auf links aufeinanderstecken und ca. 4 mm breit zusammennähen. Danach die Kante rundum mit Schrägband einfassen (vgl. S. 127, Kante ohne Ecken). Anschließend im Abstand von 4 cm zur Außenkante den Rand absteppen.

3. An den markierten Stellen die Druckknopfteile gemäß Herstellerangaben anbringen, dabei beachten, dass Knöpfe A auf dem Außenteil in den Stoff eingesteckt werden, Knöpfe B dagegen auf dem Innenteil. Um die Ecken für die Unterlage zu bilden, Knöpfe A zusammendrücken. Soll die Unterlage zur Tasche umgewandelt werden, einfach die Ecken zur Mitte der Längsseiten umlegen und Druckknöpfe B schließen.

Hinweis: Wenn Sie Synthetik-Gurtband verarbeiten, sollten die Enden mit einem Feuerzeug kurz angeschmolzen werden, so kann das Band nicht ausfransen.

HÄNGETÖPFE

für kunterbunte Blumengrüße

ANLEITUNG

1. Die Decovilzuschnitte auf die linke Stoffseite des Außenteils bügeln. Das Außenteil entlang der Bruchlinie rechts auf rechts legen, die seitlichen Kanten aufeinanderstecken und zusammennähen. Die Nahtzugabe unten abschrägen, dann auseinanderbügeln. Das Teil wenden und so hinlegen, dass eine Seitennaht in Längsmitte liegt. Die untere Ecke ca. 4,5 cm nach oben umlegen, sodass sich ein kleines Dreieck bildet, dessen Spitze nach oben zeigt und auf der Naht liegt. Diese Spitze mit einem Druckknopf an der Topfseite befestigen. Die andere Seite ebenso arbeiten.

2. Das Innenteil entlang der Bruchlinie rechts auf rechts legen, die seitlichen Kanten aufeinanderstecken und bis auf eine Wendeöffnung zusammennähen. Die Nahtzugabe unten abschrägen, dann auseinanderbügeln. Das Teil so hinlegen, dass eine Seitennaht in Quermitte liegt und die unverstärkte Fläche wie ein Dreieck aussieht. Neben der Decovilkante durch beide Stofflagen steppen (= ca. 10 cm lange Naht). Die andere Seite ebenso arbeiten. Die Dreiecke zum Boden umlegen und festnähen, so sorgen sie für zusätzliche Stabilität.

3. Für den Henkel den Streifen längs links auf links legen, die Bruchkante bügeln, dann den Streifen auffalten. An den Längskanten die Nahtzugabe 1 cm breit nach innen umbügeln, den Streifen wieder links auf links falten. Die Längskanten schmalkantig zusammennähen. Die Henkelenden auf der rechten Stoffseite des Außenteils feststecken und innerhalb der Nahtzugabe festnähen.

4. Das Außenteil rechts auf rechts ins Innenteil schieben, der Henkel liegt zwischen den Stofflagen, dann die Oberkanten aufeinanderstecken und zusammennähen. Die Nahtzugaben auseinanderstreichen. Den Topf wenden und die Wendeöffnung mit Maschinenstichen knappkantig schließen. Das Innenteil ins Außenteil schieben und die Oberkante rundum 4 mm breit absteppen.

Hinweis: Decken Sie beschichtete Baumwollstoffe vor dem Bügeln zum Schutz mit einem Bügeltuch oder Backpapier ab.

SCHWIERIGKEITSGRAD 2

GRÖSSE
ø 15,5 cm, ca. 17 cm hoch

MATERIAL
PRO TOPF
- Wachstuch mit Punkten oder in Uni (Stoff A), 40 cm x 50 cm
- Wachstuch in Uni mit Kontrastfarbe (Stoff B), 40 cm x 50 cm
- Decovil I Light, ca. 60 cm x 20 cm
- 2 Druckknöpfe (4-tlg.) oder 2 Hohlnieten, ø 12-14 mm

ZUSCHNITT
- Die Schnittteile enthalten 0,75 cm Nahtzugabe.

STOFF A:
- 1x Außenteil (Markierung für Henkel auf rechte Stoffseite übertragen)

STOFF B:
- 1x Innenteil
- 1x Henkel, 7 cm x 25 cm oder 7 cm x 40 cm

DECOVIL:
- 1x vorderes Außenteil, 1x rückwärtiges Außenteil, jeweils bis zur unteren Strichellinie (Boden wird ausgespart)

SCHNITTMUSTERBOGEN A

PFLANZKORB
Hingucker in Türkis mit Seitentaschen

ANLEITUNG

1. Den Einlage- und Decovilzuschnitt auf die linke Stoffseite der Außenteile bügeln. Die inneren Seitenteile C + D zusammensetzen, dafür die Unterkante des oberen Teils rechts auf rechts auf die Oberkante des unteren Teils stecken und zusammennähen.

2. Die Schmalseiten des äußeren Seitenteils A rechts auf rechts legen und zusammennähen. Die Nahtzugaben auseinanderbügeln. Die Schmalseiten des inneren Seitenteils ebenso zusammennähen, danach das Teil wenden und rechts auf rechts in das äußere Seitenteil einschieben. Die Oberkanten aufeinanderstecken und zusammennähen, die Nahtzugabe auseinanderstreichen. Wenden, sodass die Teile links auf links liegen. Die Ausschnitte a rundum absteppen, dabei durch beide Stofflagen nähen, danach entlang der gepunkteten Linien mit einer kleinen spitzen Schere ausschneiden.

3. Die Taschen F entlang des Stoffbruchs links auf links legen, die offenen Kanten aufeinanderstecken und schmalkantig zusammennähen. Die Oberkante füßchenbreit absteppen. Die Taschen auf das Seitenteil aufstecken

---

SCHWIERIGKEITSGRAD 2-3

GRÖSSE
ø ca. 35 cm, 25 cm hoch

MATERIAL
- Wachstuch in Türkis (Stoff A), 140 cm x 40 cm
- Wachstuch in Dunkelgrau (Stoff B), 140 cm x 35 cm
- Wachstuch in Türkis mit weißen Punkten (Stoff C), 60 cm x 25 cm
- Stabile Bügeleinlage S 320, ca. 110 cm x 35 cm
- Decovil I Light, ca. 30 cm x 30 cm
- 2 Ösen mit Scheibe, ø 5 mm
- 8 Hohlnieten, ø 1,2-1,4 cm
- Gurtband in Dunkelgrau, 2 cm breit, 70 cm lang

ZUSCHNITT
Die Schnittteile enthalten, wenn nicht anders angegeben, 0,75 cm Nahtzugabe. Bei den Seitenteilen die Ausschnitte a erst später ausschneiden, siehe Anleitung.

STOFF A
- 1x Äußeres Seitenteil A, Markierungen für Taschen, Ösen und Henkel auf rechte Stoffseite übertragen.
- 1x Äußerer Boden B
- 1x Inneres Seitenteil (oben) C, an Unterkante 0,75 cm hinzufügen

STOFF B:
- 1x Inneres Seitenteil (unten) D, an Oberkante 0,75 cm hinzufügen
- 1x Innerer Boden E

STOFF C:
- 4x Tasche F

STABILE EINLAGE:
- 1x Seitenteil A (für Außenteil)

DECOVIL:
- 1x Boden B ohne Nahtzugabe (für Außenteil)

SCHNITTMUSTERBOGEN B, TEILE A-F

und bis auf die Oberkante mit dichtem Zickzackstich festnähen.

4. Die Unterkanten des Seitenteils aufeinanderstecken und innerhalb der Nahtzugabe zusammennähen. Die Ösen laut Herstellerangaben anbringen. Das Teil wenden. Den äußeren und inneren Boden links auf links legen und die Kanten innerhalb der Nahtzugabe zusammennähen. Die Unterkante des Seitenteils rechts auf rechts am Boden feststecken, die Nahtzugabe an der Unterkante eventuell einschneiden, dann die Kanten zusammennähen. Die Nahtzugabe etwas zurückschneiden und mit dichtem Zickzackstich zusammengefasst versäubern. Den Korb wenden.

5. Das Gurtband halbieren, Enden kurz mit einem Feuerzeug anschmelzen. Die Bandenden auf der rechten Stoffseite des Außenteils feststecken und mit schmalem, dichtem Zickzackstich festnähen. Die Hohlnieten anbringen, dafür jeweils das untere Nietenteil auf der Korbinnenseite einstecken, das obere Teil über dem Bandende platzieren. Nach Wunsch die Oberkante zusätzlich mit dichtem Zickzackstich einfassen.

Tipp: Markierungen lassen sich mit auswaschbarem Bügelmusterstift und Transparentpapier mittels Aufbügeln auf Wachstuch übertragen. Beim Bügeln den darunterliegende Stoff zum Schutz mit dem Papier vollständig abdecken.

Hinweis: Der praktische und leichte Pflanzkorb ist perfekt für kleine Balkone und Terrassen. Die aufgesetzten Taschen sorgen dafür, dass auch seitliche Triebe sprießen können, z. B. von Erdbeeren oder Kräutern. Zwei Ösen dienen als Wasserablauf.

SCHWIERIGKEITSGRAD 3

GRÖSSE

18 cm x 18 cm, ca. 14 cm hoch

MATERIAL

- Wachstuch in Rot-Weiß kariert (Stoff A), 100 cm x 25 cm
- Wachstuch in Blau mit Blumen (Stoff B), 30 cm x 30 cm
- Baumwollstoff in Weiß mit roten Pünktchen (Stoff C), 130 cm x 35 cm
- Baumwollstoff in Rosa (Stoff D), 50 cm x 25 cm
- Vorgefalztes Schrägband in Grün-Weiß kariert, 2 cm breit (fertige Breite 1 cm), ca. 1,60 m lang
- Stabile Bügeleinlage S 133, 80 cm x 45 cm
- Decovil I Light, ca. 20 cm x 20 cm
- Metallrahmen, 6 cm x 2 cm
- 2 Mini-Rundkopfklammern, ø 4 mm
- Möbelknauf mit passender Schraube und Unterlegscheibe
- Textilkleber

ZUSCHNITT

- Die Schnittteile enthalten 0,75 cm Nahtzugabe. Die Teile C, D, E + G ab Stoffbruch (= Strichellinie) spiegelgleich ergänzen.

STOFF A:

- 1x Seitenteil A (außen), Markierung für Stepplinien b-d auf rechte Stoffseite übertragen
- 1x Boden B (außen)

BOX FÜR SAMENTÜTEN
praktisch und übersichtlich

ANLEITUNG

1. Den Decovilzuschnitt auf die linke Stoffseite des Innenbodens bügeln. Je zwei Rechtecke F aufeinanderlegen, die Klebeseiten liegen jeweils unten, dann das obere Rechteck festbügeln.

2. Die Schmalseiten des äußeren Seitenteils rechts auf rechts legen und bis auf die untere Nahtzugabe zusammennähen. Die Nahtzugabe auseinanderbügeln. Das Teil wenden. Die Schmalseiten des inneren Seitenteils ebenso zusammennähen. Das Innenteil links auf links ins Außenteil schieben. Die Teile entlang den markierten Linien a, b, c und d zusammennähen (= spätere Ecken), dabei oben knapp 1 cm und unten 0,75 cm

offen lassen. An den Unterkanten die Nahtzugabe unterhalb der Nähte einknipsen, dann die Unterkanten 4 mm breit zusammennähen.

3. Die Trennwände D und E jeweils entlang des Stoffbruchs rechts auf rechts legen, die offenen Kanten bis auf eine Wendeöffnung zusammennähen. Die Nahtzugabe in den Ecken abschrägen, dann auseinanderbügeln. Die Teile wenden – die Öffnungen werden später beim Festnähen der Wände geschlossen. An allen Schmalseiten, im Abstand von 5 mm, eine Linie zeichnen. Jeweils eine Schmalseite der kurzen Trennwände bei langer Wand entlang der Markierung festnähen. Alle übrigen Schmalseiten an

den markierten Linien des inneren Seitenteils festnähen.

4. Die Unterkante des Seitenteils rechts auf rechts auf den äußeren Boden stecken, dabei darauf achten, dass die eingeknipsten Nahtzugaben jeweils nahtzugabenbreit vor den Ecken des Bodens liegen. Dann die Kanten zusammennähen.

5. Das Seitenteil über der rechten Seite des äußeren Bodens flach falten und den inneren Boden mit der rechten Seite nach unten auflegen. Die Arbeit umdrehen, die Bodenkanten aufeinanderstecken und bis auf eine Wendeöffnung zusammennähen, dabei exakt entlang der vorherigen Naht

STOFF B:
- 1x Deckelteil C (außen)

STOFF C:
- 1x Seitenteil A (innen), Markierung für Trennwände E + D auf rechte Stoffseite übertragen
- 1x Boden B (innen)
- 1x Deckelteil C (innen)

STOFF D:
- 1x Trennwand D, Markierung für Stepplinien auf rechte Stoffseite übertragen
- 2x Trennwand E

STABILE EINLAGE:
- 8x Rechteck F (für Seitenwände)
- 1x Quadrat G (für inneres Deckelteil)
- 4x Rechteck H (für innere Deckelseiten)

DECOVIL:
- 1x Boden B (für innen), jedoch nur bis Markierung

SCHNITTMUSTERBOGEN B, TEILE A-G

nähen. Die Nahtzugabe in den Ecken abschrägen. Das Teil wenden. Die Wendeöffnung mit Kleber oder Maschinenstichen schließen. Den Metallrahmen mit Rundkopfklammern an gewünschter Stelle befestigen.

6. Das Schrägband längs auffalten und gemäß Zeichnung rechts auf rechts auf die Oberkante des äußeren Seitenteils stecken (inneres Teil nicht mitfassen!), dabei den Bandanfang 1 cm breit nach innen umfalten, am Ende das Band 1 cm über den Bandanfang legen. Dann das Schrägband im Falz entlang festnähen. Die Rechtecke F in die Seitenwände einschie-

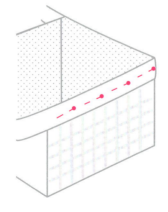

ben, dabei liegt die Klebefläche auf der linken Seite des äußeren Teils. Von außen festbügeln. Das Band um die Kante herum nach innen legen und über der Ansatznaht festkleben, sodass diese nicht mehr sichtbar ist.

7. Beim äußeren Deckelteil in den Ecken jeweils Kante a und b rechts auf rechts legen und zusammennähen. Beim inneren Deckel die Ecken ebenso nähen, dann Quadrat G und Rechtecke H auf die linken Stoffseiten bügeln. Die Rechtecke am besten mit der Klebeseite nach oben legen, die Deckelseite daraufstellen und von der rechten Stoffseite aus festbügeln.

8. Den inneren Deckel links auf links inden äußeren Deckel legen. Das Schrägband rechts auf rechts auf die äußere Kante legen, an beiden Stofflagen feststecken, dann festnähen und innen festkleben, siehe Punkt 6.

9. In die Deckelmitte für den Möbelknauf ein Loch schneiden. Die Schraube in die Unterlegscheibe stecken, von innen nach außen durch das Loch schieben und den Knauf fixieren.

Hinweis: Decken Sie Wachstuch vor dem Bügeln zum Schutz mit einem Bügeltuch oder Backpapier ab.

TOPFDEKO
farbenfrohe Gartenfreunde

ANLEITUNG

ZWERG

1. Die Vorlage für Vorder- und Rückteil A zuerst auf die nichtklebende Seite der Einlage aufzeichnen, großzügig ausschneiden, auf die linke Stoffseite bügeln und dann jeweils beide Lagen exakt der Linie entlang ausschneiden.

2. Für das Vorderteil alle inneren Konturlinien mit Bleistift auf Transparentpapier übertragen, dann auf der Rückseite mit Bügelmusterstift nachzeichnen. Die Vorlage wieder umdrehen und gemäß Herstellerangaben auf die rechte Stoffseite übertragen. Die Konturlinien nachnähen: Augen mit dichtem Zickzackstich, Brauen, Bäckchen, Nase und Mund einmal mit Geradstich, restliche Linien zweimal mit Geradstich. Die Rundkopfklammern an den mit X markierten Stellen befestigen.

3. Auf der rechten Seite des Rückteils Einstecklasche B auflegen und zuerst die Längskanten schmalkantig festnähen. Dann an der oberen Schmalseite mittig eine kleine Falte legen und die Kante ebenso festnähen.

4. Vorder- und Rückteil links auf links aufeinanderkleben und, falls nötig, die Kanten bündig schneiden. Dann die Kanten mit dichten Zickzackstichen zusammennähen, der rechte Stich muss dabei jeweils direkt neben den Kanten nach unten stechen, damit sie schön umschlossen werden können. Zuletzt den Holzstab in die Lasche einschieben.

Tipp: Für den Zwerg-Stecker nach Wunsch den Holzstab in passender Farbe streichen.

SCHWIERIGKEITSGRAD 2

GRÖSSE
Zwerg ca. 21 cm hoch (ohne Stab)

MATERIAL
- Beschichteter Baumwollstoff in Grün, 40 cm x 25 cm
- Stabile Bügeleinlage S 133, 40 cm x 25 cm
- 2 Mini-Rundkopfklammern oder Knopf, ø 4 mm
- Bügelmusterstift, auswaschbar
- Transparentpapier
- Alleskleber
- Rundholzstab, ø 5 mm, 30 cm lang

ZUSCHNITT
Nahtzugaben sind nicht erforderlich, Zuschnitt siehe Anleitung.

STOFF:
- je 1x Vorder- und Rückteil A (davon 1x spiegelverkehrt aufzeichnen). Markierung für Lasche B auf rechte Seite des Rückteils übertragen.
- 1x Einstecklasche B

STABILE EINLAGE
- Je 1x Vorder- und Rückteil A (davon 1x spiegelverkehrt aufzeichnen)

SCHNITTMUSTER-BOGEN A, TEILE A + B,

SCHWIERIGKEITSGRAD 2

GRÖSSE
Libelle ca. 13,5 cm x 11 cm

MATERIAL
- Rest beschichteter Baumwollstoff in Bunt gemustert (Stoff A)
- Rest beschichteter Baumwollstoff in Uni (Stoff B)
- Rest Decovil I Light
- Alleskleber
- Holzklammer, 4,5 cm lang

ZUSCHNITT
- Nahtzugaben sind nicht erforderlich, Zuschnitt siehe Anleitung.

STOFF A:
- 2x Flügelpaar A (= Vorder- und Rückteil)
- 2x Flügelpaar B (= Vorder- und Rückteil)

STOFF B:
- 2x Körper C (= Vorder- und Rückteil)

DECOVIL:
- 2x Flügelpaar A
- 2x Flügelpaar B
- 2x Körper C

SCHNITTMUSTER-
BOGEN A, TEILE A-C

LIBELLE

1. Die Vorlagen für Teile A bis C zuerst auf die nichtklebende Decovilseite aufzeichnen, großzügig ausschneiden, auf die linke Stoffseite bügeln und dann jeweils beide Lagen exakt der Linie entlang ausschneiden.

2. Die entsprechenden Flügelteile links auf links aufeinanderkleben und, falls nötig, die Kanten bündig schneiden. Die Kanten mit dichten Zickzackstichen zusammennähen, der rechte Stich muss dabei jeweils direkt neben den Kanten nach unten stechen, damit sie schön umschlossen werden können.

3. Die Flügel zwischen die linken Seiten der Körperteile kleben, dann die Kanten des Körpers mit Zickzackstichen einfassen. Zuletzt die Holzklammer längs auf die Körperunterseite kleben.

WENDETISCHDECKE »DU BIST RAUS«
mit aufgenähtem Spielplan

ANLEITUNG

1. Die Applikationsmotive C sowie E-G auf die rechte Stoffseite von Spielplan B bügeln, dann D aufbügeln. Erst danach von der Rückseite des Spielplans die Vliesofix-Schutzfolie abziehen. Die Motive mit dichtem Zickzackstich aufnähen, für zusammengehörende Ausgangs-, Start- und Zielfelder jeweils die gleiche Garnfarbe verwenden. Nun den Spielplan mittig auf Oberteil A bügeln und ebenso mit Zickzackstich aufnähen.

2. Ober- und Unterteil links auf links legen, sorgfältig von innen nach außen glattstreichen, zusammenstecken und, falls nötig, die Kanten bündig schneiden. Dann die Kanten ca. 4 mm breit zusammennähen.

3. Damit sich die Stoffflächen nicht mehr verschieben können, empfiehlt es sich, durch beide Lagen zu steppen. Dafür z. B. den Plan entlang der Außenkontur nachnähen und/oder die Außenkante der Decke in breitem Abstand absteppen.

4. Die Kanten rundum mit Schrägband einfassen, dabei auf dem Unter-

---

SCHWIERIGKEITSGRAD 2
GRÖSSE
ø 110 cm

MATERIAL
- Baumwollstoff in Grün-Weiß kariert (Stoff A), 115 cm x 115 cm
- Baumwollstoff in Blau mit Blümchen (Stoff B), 115 cm x 115 cm
- Baumwollstoff in Flieder mit weißen Punkten, 40 cm x 20 cm (Stoff C)
- Baumwollstoff in Blau, 50 cm x 50 cm (Stoff D)
- Rest Baumwollstoff mit Blumenmotiv, ø 5 cm (Stoff E)
- Rest Baumwollstoff in Weiß mit rosa Pünktchen (Stoff F)
- Rest Baumwollstoff in Gelb (Stoff G)
- Rest Baumwollstoff in Rot (Stoff H)
- Rest Baumwollstoff in Grün (Stoff I)
- Vliesofix, ca. 60 cm x 45 cm
- Vorgefalztes Schrägband in Grün, 2 cm breit (fertige Breite 1 cm), ca. 3,50 m lang
- Zackenlitze in Weiß, 10 cm breit, ca. 3,50 m lang
- Bügelmusterstift, auswaschbar
- Transparentpapier

ZUSCHNITT
- Schnittteil A enthält 1 cm Nahtzugabe. Um den halben Papierschnitt zu erhalten, muss es an der Strich-Punkt-Linie gegengleich ergänzt werden. Die Stoffe jeweils doppelt legen, um den Schnitt ab Stoffbruch (= gestrichelte Linie) spiegelgleich ergänzen zu können. Die inneren Kontur-

teil mit dem Feststecken des Bandes beginnen (vgl. S. 127, Kante ohne Ecken). Nach dem Umlegen des Schrägbands zum Oberteil die Zackenlitze so einschieben, dass eine Bogenkante sichtbar ist. Band und Litze über der Ansatznaht feststecken, sodass diese nicht mehr sichtbar ist, dann das Band schmalkantig feststeppen.

Hinweis: Für das Spiel werden je drei Spielfiguren in vier Farben benötigt sowie ein Würfel mit Augen von „1" bis „6". Ziel ist, mit allen drei Figuren zuerst auf die Zielfelder der eigenen Farbe zu gelangen.

linien von Spielplan B mit dem Bügelmusterstift auf Transparentpapier zeichnen und laut Herstellerangaben auf die rechte Stoffseite übertragen.
- Applikation: Vorlagen B-G zunächst auf die Vliesofix-Papierseite aufzeichnen, großzügig ausschneiden, auf die linke Stoffseite aufbügeln und erst dann exakt ausschneiden (vgl. S. 125).

STOFF A:
- Je 1x Oberteil A

STOFF B:
- Je 1x Unterteil A

STOFF C:
- 4x Feld C

STOFF D:
- 1x Spielplan „Blume" B, 3x Zielfeld E, 1x Ausgangsfeld „Herz" F

STOFF E:
- 1x Spielmitte D

STOFF F:
- 28x Feld G

STOFFE G-I:
- Je 3x Zielfeld E, je 1x Ausgangsfeld „Herz" F

SCHNITTMUSTER
Die Vorlagen zu dieser Anleitung steht im TOPP Download-Center unter www.topp-kreativ.de/downloadcenter nach erfolgter Registrierung zum Download bereit. Der Code zum Freischalten finden Sie im Impressum (PDF-Seite 22-34).

SCHWIERIGKEITSGRAD 1

GRÖSSE

ø unten ca. 23 cm, 22 cm hoch (ohne Henkel)

MATERIAL

- Baumwollstoff in Bunt mit Ornamenten (Stoff A), 80 cm x 35 cm
- Baumwollstoff in Weiß-Türkis kariert (Stoff B), 80 cm x 35 cm
- Volumenvlies H 640, ca. 80 cm x 25 cm
- Decovil I Light, 80 cm x 25 cm
- Vorgefalztes Schrägband in Türkis, 2 cm breit (fertige Breite 1 cm), ca. 80 cm lang
- Webband in Pink mit weißen Punkten, 2 cm breit, 70 cm lang
- Dünne Kordel, ca. 40 cm lang
- Häkelblüte in Türkis, ø ca. 4,5-5 cm
- Holzperle in Weiß, ø ca. 2,3 cm (mit großem Loch)
- Kleine Sicherheitsnadel
- Eventuell Alleskleber

ZUSCHNITT

- Die Schnittteile enthalten, wenn nicht anders angegeben, 0,75 cm Nahtzugabe.

STOFF A:

- 2x Äußeres Haubenteil A

STOFF B:

- 2x Inneres Haubenteil A
- 1x Kreis B ohne Nahtzugabe (Zuschnitt siehe Decovil)

VOLUMENVLIES:

- 2x Haubenteil A bis zur oberen Strichpunkt-linie, seitlich ohne Nahtzugabe (für äußere Teile)

DECOVIL:

- 2x Haubenteil A bis zur oberen Strichpunktli-nie, seitlich ca. 1 cm schmaler als Schnittteil (für innere Teile)
- 1x Kreis B ohne Nahtzugabe. Auf Stoff 2 auf-bügeln, dann überstehenden Stoff entlang der Decovilkante abschneiden.

SCHNITTMUSTERBOGEN A, TEILE A + B

ABDECKHAUBE
hübscher Insektenschutz

ANLEITUNG

1. Die Vlies- und Decovilzuschnitte auf die linken Stoffseiten der Haubenteile bügeln.

2. Die äußeren Haubenteile rechts auf rechts legen, die seitlichen Kanten aufeinanderstecken und zusammennähen. Die Nahtzugaben auseinanderbügeln. Die inneren Haubenteile ebenso zusammen-nähen, an einer Seite oben jedoch eine Öffnung für den Tunnel las-sen, dann wenden.

3. Außen- und Innenteil rechts auf rechts ineinander schieben, dann die oberen Kanten rundum aufeinanderstecken und zusammennä-hen. Die Nahtzugaben auseinanderstreichen. Das Teil wenden, so-dass die rechte Stoffseite des äußeren Haubenteils außen ist. Die Oberkante für den Tunnel 1 cm breit absteppen. Entlang der Strich-punktlinie (bzw. oberhalb der Vlies-/Decovilkante) die Stofflagen in den Bruch legen und ca. 3 mm breit durch alle Lagen absteppen.

4. Die unteren Kanten ca. 4 mm breit zusammennähen, danach rundum mit Schrägband einfassen, damit auf der Innenseite mit dem Feststecken des Bandes beginnen (vgl. S. 127, Kante ohne Ecken).

5. Die Kordel mithilfe der Sicherheitsnadel in den Tunnel einziehen, die Enden fest anziehen, so dass oben die Haube bis auf kleine mit-tige Öffnung geschlossen ist. Kordelenden verknoten. Für den Hen-kel das Webband links auf links doppelt legen und die Längskanten knappkantig zusammennähen. Die Bandenden aufeinanderlegen und Knoten schlingen. In den Kreis B mittig ein Loch (ø 1 cm) schneiden, dann mit der Stoffseite nach unten auf die Schlinge schieben. Die Schlinge von innen nach außen durch die Deckelöff-nung führen, dann Häkelblüte und Holzperle auffädeln und eventu-ell festkleben.

LATERNEN
leuchtend bunt & zum Aufhängen

ANLEITUNG

1. Die Einlagezuschnitte auf die linken Stoffseiten bügeln. Die Längskanten der Seitenteile A rechts auf rechts aneinandernähen und so zu einem Ring schließen. Die Nahtzugaben auf ca. 4 mm zurückschneiden und an den markierten Stellen einkerben (siehe Pfeile). Dann die Nahtzugabe jeweils zusammengefasst versäubern.

2. An der Unterkante der Seitenteile die Nahtzugabe einknipsen. Den Boden rechts auf rechts auf die Unterkante stecken (Stecknadeln quer zur Nahtlinie), die Stofflagen jedoch entlang der Unterkante zusammennähen. Die Nahtzugabe zurückschneiden, zum Boden hin umlegen und festkleben.

3. Die Laterne wenden, an der Oberkante die Zugabe zweimal 0,75 cm nach innen umlegen und schmalkantig festnähen. Die Quaste außen in Bodenmitte anbringen, dazu die Schlinge mit ein paar Handstichen festnähen. Den Marmeladenglasdeckel mittig auf den Kartonzuschnitt kleben, dann den Karton innen auf den Laternenboden kleben.

4. Für den Henkel an zwei gegenüberliegenden Seiten, 1 cm unterhalb der Oberkante, die Ösen laut Herstellerangaben anbringen. Die Kordelenden von innen nach außen durchfädeln und jeweils einen Knoten auf die Enden schlingen.

Hinweis: Für den Henkel können Sie statt einer Kordel auch dünnen Draht verwenden. Das Teelicht zur Sicherheit in einem kleinen Glas einstellen und nicht unbeaufsichtigt brennen lassen.

SCHWIERIGKEITSGRAD 2

GRÖSSE
ca. 15 cm und 17,5 cm hoch (ohne Henkel)

MATERIAL PRO LATERNE
- Baumwollstoff mit Blumenmotiven, ca. 95 cm x 25 cm
- Stabile Bügeleinlage S 320, ca. 85 cm x 25 cm
- 2 Ösen mit Scheiben, ø 4 mm
- Dünne Kordel, ca. 50 cm lang
- Zierquaste, 5 cm lang
- Stabiler Kartonrest
- Marmeladenglasdeckel, ø ca. 6 cm
- Alleskleber

ZUSCHNITT
Die Schnittteile enthalten, wenn nicht anders angegeben, ringsum 0,75 cm Nahtzugabe.

STOFF:
- 6x Seitenteil A
- 1x Boden B

STABILE EINLAGE:
- 6x Seitenteil A, seitlich und unten ohne Nahtzugabe
- 1x Boden B ohne Nahtzugabe

KARTON:
- 1x Boden B ohne Nahtzugabe

SCHNITTMUSTERBOGEN A, PRO LATERNE TEILE A + B

VASENHUSSEN
kleine Farbtupfer für die Tischdeko

ANLEITUNG

VASE

1. Die Vorlage für die Seitenteile 4x auf die Vliesofix-Papierseite aufzeichnen, großzügig ausschneiden, auf die linke Stoffseite bügeln und exakt ausschneiden.

2. Die Papierschicht vom Vliesofix abziehen. Danach die Seitenteile umdrehen und mit der beschichteten Klebefläche nach unten auf den Filz bügeln. Nun die überstehenden Filzränder exakt entlang der Stoffkante abschneiden.

3. Je zwei Seitenteile aufeinanderlegen, die Filzseiten liegen innen, und an einer Seite die Längskanten 2 mm breit zusammennähen. Die beiden so entstandenen Hussenhälften aufklappen, mit den Filzseiten aufeinanderlegen und beidseitig die offenen Längskanten zusammennähen. Die Husse schön in Form ziehen, dann ein mit Wasser gefülltes Glas unterstellen und mit Blumen arrangieren.

BLÜTE

1. Für die Blätter die Quadrate D jeweils diagonal zum Dreieck falten. Ein ca. 40 cm langes Stück starken Faden in eine Handnähnadel einfädeln. Nacheinander alle Dreiecke durch Heftstiche entlang der offenen Kanten auf den Faden reihen, siehe Zeichnung.

2. Die Blätter dicht zusammenschieben und in Form bringen, so dass sich eine Blüte bildet. Mittig einen Knopf aufnähen oder festkleben. Die Blüte an der gewünschten Stelle auf die Husse kleben.

Tipp: Beschichtete Baumwollstoffe eignen sich besonders gut für die Hussen, da die Kanten nach dem Zuschnitt nicht ausfransen.

SCHWIERIGKEITSGRAD 1

GRÖSSE
ca. 13 cm, 17 cm und 19,5 cm hoch

MATERIAL
PRO VASE
- Baumwollstoff mit Streifen-, Punkte- oder Karomuster (Stoff A), ca. 35 cm x 25 cm
- Bastelfilz in Uni nach Wunsch (Stoff B), 20 cm x 30 cm
- Rest Baumwollstoff in Rosa-Weiß kariert (Stoff C)
- Vliesofix, 20 cm x 30 cm
- Knopf, ø 1,5 cm
- Kleine Vasen oder Gläschen
- Alleskleber

ZUSCHNITT
Die Schnittteile enthalten 0,2 cm Nahtzugabe.

STOFF A + B:
Pro Husse 4x Seitenteil A, B oder C, Zuschnitt siehe Anleitung

STOFF C:
Für die Blüte 5x Quadrat D

SCHNITTMUSTERBOGEN A, TEILE A-D

TISCHTUCH-BESCHWERER

im witzigen Kakteen-Design

SCHWIERIGKEITS-
GRAD 1

GRÖSSE
ca. 8 cm hoch (ohne Aufhängung)

MATERIAL
PRO ANHÄNGER

- Rest Baumwollstoff in Grün gemustert
- Schmales Band in Grün, ca. 15 cm lang
- Ringel, ø 7 mm
- Füllwatte
- Mini-Topf oder Eimerchen aus Kunststoff, Metall oder Holz, oben ø ca. 3,5 cm, 3,5 cm hoch
- Vorhang-Clip
- Alleskleber
- Kieselsteinchen zum Befüllen
- Eventuell Häkel- oder Stoffblüte, ø 2,5 cm

ZUSCHNITT
Das Schnittteil enthält 0,75 cm Nahtzugabe.

STOFF:
6x Seitenteil

SCHNITTMUSTER-
BOGEN A

ANLEITUNG

1. Vom Band 2,5 cm abschneiden und doppelt legen (= Schlinge). Die Enden an der mit X markierten Stelle auf die rechte Seite eines Seitenteils legen und innerhalb der Nahtzugabe festnähen.

2. Jeweils zwei Seitenteile rechts auf rechts aufeinanderstecken und bis auf die gerade Unterkante (= Wendeöffnung) zusammennähen. Die Nahtzugabe zurückschneiden und die Teile wenden.

3. Die so entstandenen drei Teile bündig aufeinanderlegen, dabei liegt das Teil mit Schlinge in der Mitte. Nun in Längsmitte durch alle Stofflagen steppen, siehe Zeichnung.

4. Den Kaktus gleichmäßig mit Füllwatte ausstopfen, evtl. zum Einschieben der Watte ein Stäbchen zur Hilfe nehmen. Den Topf bis etwa 1,5 cm unterhalb vom oberen Rand mit Steinchen befüllen. Den Innenrand mit Kleber bestreichen, den Kaktus einschieben und festkleben.

5. Den Ringel an der Schlinge befestigen. Das restliche Band durch den Ringel fädeln, die Enden verknoten und am Vorhang-Clip einhängen. Nach Wunsch eine Blüte auf den Kaktus kleben.

Tipp: Die Mini-Töpfe können Sie nach Belieben in einer zur Tischdecke passenden Farbe streichen.
Die dekorativen Topfkakteen sind vielseitig verwendbar, z. B. als Anhänger an Girlanden, für Schrankschlüssel oder -griffe. Werden sie ohne Aufhänger gearbeitet, können Sie sie als hübsche Zierde auf der Fensterbank platzieren. Möchten Sie größere Töpfe verwenden, einfach den Schnitt mit dem Kopierer entsprechend vergrößern.

GROSSE TISCHDECKE

mit hübscher Bordüre aus Lochstickerei

ANLEITUNG

1. Die Streifen für die Bordüre jeweils links auf links bügeln.

2. Die Ecken eines langen und eines kurzen Bordürenstreifens rechts auf rechts gemäß Schnittschema rechts knappkantig zusammennähen. Die Naht 1 cm vor der geraden Bordürenkante beenden und vernähen. Die Nahtzugaben auseinanderbügeln und wenden.

3. Das Bordürenteil über Eck an die lange und kurze Kante des Mittelteils aus Stoff A rechts auf rechts heften und annähen. An der Ecke darauf achten, dass die Nähte aufeinandertreffen. Die Nahtzugabe an der Ecke knapp zurückschneiden und auseinanderbügeln.

4. Schritt 2 wiederholen mit den beiden anderen Bordürenteilen, an das Mittelteil heften und so annähen wie in Schritt 3.

5. Beide noch offene Ecken wie in Schritt 2 beschrieben zusammennähen und die Nahtzugaben auseinanderbügeln.

6. Die Bordüre nochmals sorgfältig an den Nähten ausbügeln. Nun die Nahtzugabe auf der Rückseite der Tischdecke knapp einschlagen und mit einem Heftfaden heften. Anschließend auf der Oberseite der Tischdecke in der Naht von Mittelteil und Bordüre die Nahtlinie nochmals absteppen.

7. Das Dekoband entlang der Naht heften, an den Ecken jeweils rechtwinklig umschlagen und annähen.

SCHWIERIGKEITSGRAD 1 – 2

GRÖSSE
ca. 2,30 m x 1,50 m

MATERIAL
- Baumwollstoff in Dunkelblau mit Blumenornamenten (Stoff A), 2 m x 1,10 m
- Lochstickerei-Baumwollstoff in Weiß (Stoff B), 2,80 m x 1,20 m
- Dekoband in Rot-Weiß kariert, 2 cm breit, 5,50 m lang

ZUSCHNITT
- Mittelteil aus Stoff A: 2 m x 1,10 m
- Bordüre aus Stoff B: 2 x 240 cm x 40 cm, 2 x 150 cm x 40 cm (siehe auch Schnittschema)

20 cm

Stoff B

Stoffbruch

200 cm (110 cm)

40 cm

Bordüre, Maßstab 1:10

KUCHENTASCHE

Hingucker im Retro-Design mit Kordelverschluss

SCHWIERIGKEITS-GRAD 2

GRÖSSE
Höhe ca. 18 cm, ø ca. 40 cm

MATERIAL
- Baumwollstoff mit Retromuster (Stoff A), 70 cm x 100 cm
- Beschichteter Baumwollstoff in Pink (Stoff B), 70 cm x 100 cm
- Lochstickerei-Baumwollstoff in Weiß (Stoff C), 50 cm x 70 cm
- Volumenvlies zum Aufbügeln, 70 cm x 100 cm
- Decovil light, 40 cm x 80 cm
- 2 Taschengriffe
- Kordel, ca. 1,40 m lang
- Dekoband in Rot-Weiß kariert, ca. 1,5 cm breit, 80 cm lang
- Pomponbordüre in Weiß, 1,40 m
- 4 Taschenbodenfüße in Silber

ZUSCHNITT
Die Teile gemäß Schnitt mit 1 cm Nahtzugabe zuschneiden. Das Volumenvlies gemäß Schnitt auf die linke Stoffseite bügeln.

SCHNITTMUSTER
Die Vorlagen zu dieser Anleitung steht im TOPP Download-Center unter www.topp-kreativ.de/downloadcenter nach erfolgter Registrierung zum Download bereit. Der Code zum Freischalten finden Sie im Impressum (PDF-Seite 242-257).

ANLEITUNG

1. Die Decovil-Teile mit der klebenden Seite gegeneinander legen und bügeln.

2. Das Seitenteil aus Stoff A rechts auf rechts auf links heften und zusammennähen.

3. Das Bodenteil aus Stoff A rechts auf rechts an das Seitenteil anheften und einnähen. Die Nahtzugabe knapp zurückschneiden und wenden.

4. Das Ganze wiederholen mit den Teilen aus Stoff B.

5. Die Bänder für die Taschenbügel links auf links legen, die Nahtzugabe nach links bügeln und auf beiden Seiten knappkantig absteppen. Anschließend das Dekoband mittig aufsteppen. Die Bänder durch die Tragegriffe einziehen und gemäß der Markierung im Schnittmuster annähen.

6. Die Abdeckung aus Stoff C rechts auf rechts an der Seitennaht zusammennähen und gemäß Schnittmarkierung in den Umbruch legen. Die Nahtzugabe nach innen bügeln und knappkantig absteppen. Die Seitennaht gemäß Schnittmarkierung wie-

der etwas auftrennen und verriegeln. Nun die Kordel durchziehen.

7. Abdeckung aus Stoff C rechts auf rechts an die obere Kante des Teils aus Stoff A heften und annähen. Nun das Teil aus Stoff B und das Teil mit dem angenähten Stoff C rechts auf rechts an die obere Kante der Kuchentasche heften und bis auf eine Wendeöffnung von ca. 15 cm zusammennähen. Die Nahtzugabe knapp zurückschneiden und wenden.

8. Den Zuschnitt aus Decovil vorsichtig einschieben und gemäß Schnittmarkierung die Taschenfüße einarbeiten. An den Markierungen vorher mit einer spitzen Schere einstechen.

9. Nun die Wendeöffnung mit Handstichen zunähen.

10. Zum Schluss die Pompombordüre mit Handstichen rundherum annähen.

TRANSPORTEUR FÜR ZUCKERDOSE UND MILCHKÄNNCHEN

mit stabiler Trennwand

ANLEITUNG

1. Die Seitenkante des Seitenteils aus Stoff A rechts auf rechts heften und zusammennähen.

2. Das Bodenteil aus Stoff B rechts auf rechts an die untere Kante des Seitenteils heften und zusammennähen. Das ganze Teil wenden.

3. Die Seitenkante des Seitenteils aus Stoff B rechts auf rechts heften und zusammennähen. Das Klettband halbieren und beide Kletthakenstreifen jeweils gemäß der Markierung im Schnittmuster auf das Seitenteil nähen.

4. Das Bodenteil aus Stoff A rechts auf rechts an die untere Kante des Seitenteils heften und zusammennähen.

5. Den Decovilzuschnitt für den Boden zwischen beiden Bodenteilen einlegen.

6. Das Baumwollschrägband halbieren. Jeweils eine Schlaufe legen und diese gemäß Schnittmarkierung am Außenteil festnähen.

7. Die obere Kante nach außen in den Umbruch legen, die Herzbordüre anheften und mit Zickzackstich festnähen.

8. Die Schnittteile für die Trennwand rechts auf rechts heften und an drei Seiten zusammennähen. Die Nahtzugabe zurückschneiden und das Teil wenden. Den Decovilzuschnitt einschieben, die Nahtzugabe der offenen Kante nach innen legen und das Ganze knappkantig zusammennähen.

8. Die beiden Streifen des Klettflauschbands gemäß Schnittmarkierung auf das Trennwandteil nähen.

10. Das Band für den Tragegurt rechts auf rechts in den Umbruch legen, der Länge nach zusammennähen und mithilfe einer Sicherheitsnadel wenden. Die Enden nach innen einschlagen und mit Handstichen zunähen. Zum Schluss jeweils ein Gurtende durch die Schrägbandschlaufen ziehen und verknoten.

- -

SCHWIERIGKEITSGRAD 2

GRÖSSE
ca. 22 x 11 x 12 cm

MATERIAL
- Baumwollstoff ornamental gemustert (Stoff A), 65 cm x 30 cm
- Baumwollstoff in Blau-Weiß-Rot gemustert (Stoff B), 65 cm x 30 cm

- Volumenvlies zum Aufbügeln, 65 cm x 30 cm
- Baumwollschrägband in Rot-Weiß kariert, 20 cm lang
- Decovil light, 22 cm x 25 cm
- Lamifix, 65 cm x 30 cm
- Klettband in Weiß, 20 cm
- Herzbordüre in Rot-Weiß kariert, 65 cm lang

ZUSCHNITT
Die Teile gemäß Schnitt mit 1 cm Nahtzugabe zuschneiden. Das Volumenvlies auf die linke Stoffseite von Boden- und Seitenteil bügeln. Das Lamifix nach Herstelleranleitung auf die rechte Stoffseite des Bodenteils aus Stoff A und des Seitenteils aus Stoff B bügeln.

SCHNITTMUSTERBOGEN B

MATRIOSCHKA-PLATZDECKCHEN
das besondere Tischset

ANLEITUNG

1. Das Schnittteil aus Stoff C gemäß der Markierung im Schnittmuster auf dem Teil 1 mit Sprühkleber fixieren. Darauf das Teil aus Stoff D gemäß Markierung fixieren.

2. Die Zackenlitze in Weiß rundherum auf die Kante der Schürze heften und mit Zickzackstich festnähen. Dabei darauf achten, dass der Stoff mitgefasst wird. Im Anschluss parallel dazu die blaue Zackenlitze festheften und aufnähen.

3. Die Herzbordüre gemäß der Schnittmarkierung an der oberen Kante der Schürze heften und festnähen.

4. Augen, Bäckchen und Mund gemäß Schnittmarkierung mit Sprühkleber auf dem Gesichtsstoff fixieren und festnähen. In die Augen außerdem mittig je eine Paillette nähen.

5. Die Haare aus schwarzem Filz gemäß Schnittmarkierung Sprühkleber fixieren und entlang der Kante schmalkantig feststeppen.

6. Das Gesicht auf dem Körper mit Sprühkleber fixieren, die rote Zackenlitze rundherum heften und mit Zickzackstich festnähen.

7. Abschließend die Matrioschka rundherum mit dem Baumwollschrägband einfassen (vgl. Seite 127).

SCHWIERIGKEITSGRAD 1

GRÖSSE
ca. 44 cm x 32 cm

MATERIAL
- Baumwollstoff in Pink (Stoff A), 45 cm x 35 cm
- Baumwollstoff in Creme (Stoff B), 45 cm x 50 cm
- Baumwollstoff in Pink-Rot gemustert (Stoff C), 35 cm x 30 cm
- Baumwollstoff mit Blumenornamenten (Stoff D), 25 cm x 25 cm
- Filzrest in Schwarz, ca. 15 cm x 10 cm
- Filzreste in Rot, Pink und Türkis
- 2 Pailletten in Silber
- Volumenvlies zum Aufbügeln, 45 cm x 35 cm
- Zackenlitze in Blau, Rot und Weiß, je 40 cm lang
- Herzbordüre, 50 cm
- Baumwollschrägband in Grün, 1,30 m lang
- Textilsprühkleber

ZUSCHNITT
Die Teile gemäß Schnitt mit 1 cm Nahtzugabe zuschneiden. Das Volumenvlies auf die linke Stoffseite des Schnittteils aus Stoff A bügeln.

SCHNITTMUSTER
Die Vorlagen zu dieser Anleitung steht im TOPP Download-Center unter www.topp-kreativ.de/downloadcenter nach erfolgter Registrierung zum Download bereit. Der Code zum Freischalten finden Sie im Impressum (PDF-Seite 35-46).

SOMMERLICHER UNTERSETZER IN BLUMENDESIGN

Stoffreste fantasievoll verwerten

ANLEITUNG

1. Schnittteil 1 links auf links mit Sprühkleber auf das Filzteil heften und die Kante rundherum mit Zickzackstich versäubern.

2. Schnittteil 2 gemäß Schnittmarkierung darauf heften und mit Zickzackstich knappkantig aufnähen.

3. Wiederholen mit Schnittteil 3.

SCHWIERIGKEITSGRAD 1

GRÖSSE
ø ca. 15 -17 cm

MATERIAL
- 3 verschieden gemusterte Baumwollstoffreste à ca. 20 cm x 20 cm
- Filzrest, ca. 20 cm x 20 cm
- Volumenvlies zum Aufbügeln, 20 cm x 20 cm
- Vlieselinereste
- Textilsprühkleber

ZUSCHNITT
Die Teile gemäß Schnitt mit 1 cm Nahtzugabe zuschneiden. Volumenvlies und Vlieseline gemäß Schnitt auf die linke Stoffseite bügeln.

SCHNITTMUSTERBOGEN B

TASSENCOSY
schicker Handschmeichler

SCHWIERIGKEITSGRAD 1

GRÖSSE
Umfang ca. 26 cm

MATERIAL
- Jerseystoff in Rot mit pinken Tupfen, ca. 16 cm x 20 cm
- Baumwollstoff in Blau-Weiß-Rot gemustert, ca. 18 cm x 20 cm
- Volumenvlies zum Aufbügeln, ca. 18 cm x 10 cm
- Baumwollschrägband in Rot-Weiß kariert, 5 cm lang

ZUSCHNITT
Die Teile gemäß Schnitt mit 1 cm Nahtzugabe zuschneiden. Das Volumenvlies gemäß Schnitt auf die linke Stoffseite bügeln.

SCHNITTMUSTERBOGEN B

ANLEITUNG

1. Die Schnittteile 1 rechts auf rechts heften und an Ober- und Unterkante mit einem kleinem Steppstich zusammennähen und wenden.

2. Das Karoschrägband einmal falten und gemäß Schnittmarkierung rechts auf rechts annähen.

3. Nun Teil 1 rechts auf rechts an ein Teil 2 heften und die Seitenkanten zusammennähen.

4. Das zweite Teil 2 so anheften, dass Teil 1 und die Schlaufen dazwischen liegen. Rundherum bis auf eine Wendeöffnung von ca. 5 cm zunähen.

5. Das Teil wenden und die Öffnung mit Handstichen zunähen.

RUNDE SITZKISSEN
mit auffälliger Kantenverzierung

ANLEITUNG

1. Den Reißverschluss gemäß der Markierung im Schnittmuster in die Unterteile nähen.

2. Die beiden Kreisteile aus dem dicken Volumenvlies von links an das Oberteil heften und die Knöpfe gemäß Schnittmarkierung mit den Gegenknöpfen fest durch alle Lagen annähen.

3. Die Seitennaht des Kissenrands rechts auf rechts zusammennähen und anschließend das Kissenoberteil rechts auf rechts an den Kissenrand nähen. Danach das Unterteil mit Reißverschluss rechts auf rechts am den Kissenrand-Teil einheften und einnähen. Den Reißverschluss zum späteren Wenden etwas offen lassen. Die Nahtzugaben knapp zurückschneiden und das Kissen durch die Reißverschlussöffnung wenden.

4. Nun den Schaumstoffzuschnitt einlegen und den Reißverschluss schließen.

5. Zum Schluss die Bordüre an den Kissenrand mit kleinen Handstichen annähen.

Tipp: Statt des Schaumstoffzuschnittes können Sie auch ein rundes Innenkissen nähen. Dazu einfach nach den oben angegebenen Maßen aus unifarbener Baumwolle zwei runde Teile zuschneiden, zusammennähen und fest mit Füllwatte ausstopfen – fertig.

SCHWIERIGKEITSGRAD 1 – 2

GRÖSSE
Höhe ca. 8 cm, ø ca. 44 cm

MATERIAL
- Baumwollstoff ornamental gemustert (Stoff A), 50 cm x 50 cm
- Baumwollstoff mit Ethnomuster (Stoff B), 50 cm x 50 cm
- Baumwollstoff mit Retromuster (Stoff C), ca. 15 cm x 70 cm
- Volumenvlies zum Aufbügeln, ca. 100 cm x 50 cm
- Volumenvlies, 1,5 cm dick, ca. 100 x 50 cm
- Schaumstoffzuschnitt, ca. 6 cm hoch, ø ca. 44 cm
- Farblich passender Reißverschluss (Meterware), 45 cm
- 5 farblich passende Knöpfe, Ø 2,5 cm
- 5 Knöpfe, Ø 1,5 cm (als Gegenknöpfe für die Rückseite)
- Fransenbordüre oder Pomponbordüre, ca. 1,40 m

ZUSCHNITT
- Die Teile gemäß Schnitt mit 1 cm Nahtzugabe zuschneiden. Das Volumenvlies auf die linke Stoffseite von Ober- und Unterteil bügeln.
- Volumenvlies dick: 2 x Kreisteil

SCHNITTMUSTER
Die Vorlagen zu dieser Anleitung steht im TOPP Download-Center unter www.topp-kreativ.de/downloadcenter nach erfolgter Registrierung zum Download bereit. Der Code zum Freischalten finden Sie im Impressum (PDF-Seite 47-58).

LIEGEMATTEN

als Tasche oder zum Kissen faltbar

ANLEITUNG

1. Die Vlieszuschnitte H 640 auf die linken Stoffseiten von Ober- und Unterteil bügeln.

2. Den Reißverschluss teilen. Gemäß Zeichnung eine Hälfte zwischen den Markierungen rechts auf rechts auf die Längskante des Unterteils legen. Das Band feststecken, das obere Ende im rechten Winkel nach außen umfalten, dann das Band innerhalb der Nahtzugabe festnähen. An der gleichen Längskante (= gegenüber des Stoffbruchs) die andere Reißverschlusshälfte ebenso festnähen.

3. Den zweiten Reißverschluss auf die gleiche Weise auf der anderen Längskante des Unterteils festnähen. Die überstehenden, oberen Bandenden abschneiden.

4. Die Gurtbandmitte markieren, dann das Gurtband dort auf der rechten Stoffseite des Unterteils in Quermitte feststecken. Von da aus fortfahren, das restliche Band aufzustecken. Die Henkel überstehen lassen, Anfang und Ende stoßen ebenfalls in Quermitte bündig aneinander. Die Bandkanten bis auf die Henkel knappkantig festnähen. Anfang und Ende mit dichten breiten Zickzackstichen übernähen, sodass der Anstoß nicht sichtbar ist. Unterhalb des Henkels zwei Zickzacknähte nähen. Die Applikation an der markierten Stelle aufbügeln und festnähen.

5. Das Oberteil mit der linken Seite auf den Vlieszuschnitt H 295 legen, die Kanten aufeinanderstecken und innerhalb der Nahtzugabe zusammennähen. Die Quermitte durch beide Lagen absteppen.

6. Nun Ober- und Unterteil rechts auf rechts legen, die Kanten aufeinanderstecken und bis auf eine ca. 18 cm lange Wendeöffnung in Schmalseitenmitte zusammennähen. Die Nahtzugabe in den Ecken abschrägen. Die Matte wenden, schön ausformen und dann die Wendeöffnung von Hand oder mit Maschinenstichen schließen. Bleibt ein Mattenende draußen, haben Sie ein tolles Sitzkissen mit weicher Lehne.

SCHWIERIGKEITSGRAD 2–3
GRÖSSE
Matte 52 cm x 156 cm, gefaltet als Tasche 52 cm x 42 cm (ohne Henkel)

MATERIAL PRO MATTE
- Baumwollstoff mit Zackenmuster (Stoff A), 165 cm x 60 cm
- Beschichteter Baumwollstoff in Grau mit Sternchen (Stoff B), 165 cm x 60 cm
- Volumenvlies H 640, ca. 320 cm x 60 cm
- Volumenvlies H 295, ca. 165 cm x 60 cm
- 2 Reißverschlüsse, teilbar, 40 cm lang
- Gurtband gestreift, 3 cm breit, 2,70 m lang
- Applikation (zum Aufbügeln), ca. 4,5 cm x 3 cm

ZUSCHNITT
Das Schnittteil enthält 0,75 cm Nahtzugabe G; um den halben Papierschnitt zu erhalten, muss es an der Strich-Punkt-Linie gegengleich ergänzt werden. Die Stoffe jeweils doppelt legen, um den Schnitt ab Stoffbruch (= gestrichelte Linie) spiegelgleich ergänzen zu können.

STOFF A:
1x Oberteil

STOFF B:
1x Unterteil, Markierungen für Reißverschluss, Henkel und Applikation auf die rechte Stoffseite übertragen

VOLUMENVLIES H 640:
Je 1x Ober- und Unterteil

VOLUMENVLIES H 295:
1x Oberteil

SCHNITTMUSTERBOGEN A

7. Zum Umwandeln der Liegematte in eine Tasche beide Reißverschlüsse schließen und die Mattenenden oberhalb der Reißverschlüsse ins Tascheninnere einstecken.

Hinweis: Decken Sie beschichtete Baumwollstoffe vor dem Bügeln zum Schutz mit einem Bügeltuch oder Backpapier ab. Breite und Länge der Matte können individuell festgelegt werden – passen Sie dann die Länge des Reißverschlusses entsprechend an. Beide Matten können mithilfe der Reißverschlüsse zu einer Fläche verbunden werden. Je nachdem, wie sie zusammengefaltet werden, verwandeln sie sich in praktische Sitzkissen mit oder ohne Lehne.

PICKNICKTASCHE
mit viel Stauraum

ANLEITUNG

1. Über den Knopfmarkierungen der entsprechenden Schnittteile die Kreise E aus Decovil aufbügeln. Dann die Vlies- und Decovilzuschnitte A auf die linken Stoffseiten der Außen- und Innenteile A bügeln.

2. Die Außentasche B entlang des Stoffbruchs rechts auf rechts legen. Zwischen den Längskanten die Paspel einschieben (= Oberkante), dann die Längskanten aufeinanderstecken und zusammennähen. Die Nahtzugabe auseinanderstreichen. Wenden. Die Oberkante schmal absteppen. Nun die Tasche auf das Außenteil legen und die Unterkante knappkantig festnähen.

3. Die Außenteile rechts auf rechts legen und Seiten- sowie Bodenkanten zusammennähen. Die Nahtzugabe auseinanderbügeln. Für die seitlichen Bodennähte jeweils Kante a so auf Kante b legen, dass sich eine Ecke bil-

SCHWIERIGKEITSGRAD 2-3

GRÖSSE
Boden ca. 31 cm x 17 cm, mittig 34 cm hoch (ohne Henkel)

MATERIAL
- Baumwollstoff in Grau mit grafischem Muster (Stoff A), 110 cm x 90 cm
- Baumwollstoff in Mint-Weiß-Gelb mit Zickzackmuster (Stoff B), 110 cm x 50 cm
- Baumwollstoff in Mint (Stoff C), 70 cm x 50 cm
- Vorgefalztes Schrägband in Grau, 2 cm breit (fertige Breite 1 cm), ca. 1,20 m lang
- Volumenvlies H 630, 55 cm x 90 cm
- Decovil I Light, ca. 55 cm x 70 cm
- Stabile Bügeleinlage S 133, 35 cm x 20 cm
- Paspel in Gelb mit Punkten, 1 cm breit, 55 cm lang
- Gurtband, 3,2 cm breit, 1,20 m lang
- Gummiband, 5 mm breit, 1,60 m lang
- Druckknopf (4-tlg.), ø 1,5 cm
- Kleine Sicherheitsnadel

ZUSCHNITT
Schnittteile und angegebene Maße enthalten 0,75 cm Nahtzugabe. Die Schnittteile ab Stoffbruch (= Strichellinie) spiegelgleich ergänzen.

STOFF A:
- 2x Außenteil A (= Vorder- und Rückseite), Markierung für Teil B und Gurtband auf die rechte Stoffseite übertragen
- 1x Außentasche B

STOFF B:
2x Innenteil A (= Vorder- und Rückseite), Markierung für Teil C auf rechte Stoffseite übertragen.

STOFF C:
2x Innenfachteil C, 68 cm x 24 cm

VOLUMENVLIES:
2x Teil A (für Außenteil)

STABILE EINLAGE:
1x Rechteck D, 31 cm x 17 cm (für Innenboden)

DECOVIL:
- 2x Teil A (für Innenteil), jedoch nur bis untere Markierung, seitlich ohne Nahtzugabe
- 2x Kreis E, ø 2 cm

SCHNITTMUSTER
Die Vorlagen zu dieser Anleitung steht im TOPP Download-Center unter www.topp-kreativ.de/downloadcenter nach erfolgter Registrierung zum Download bereit. Der Code zum Freischalten finden Sie im Impressum (PDF-Seite 59-65).

det. Die offenen Kanten zusammennähen. Wenden. Die Druckknopfteile gemäß Herstellerangaben befestigen.

4. Beim Innenfachteil C die Nahtzugabe an den Schmalseiten nach innen bügeln. Das Teil rechts auf rechts längs zur Hälfte legen, die Längskanten aufeinanderstecken und zusammennähen. Die Nahtzugabe auseinanderstreichen. Das Teil wenden, die Naht in die Längsmitte schieben und bügeln. Das Teil so hinlegen, dass die Naht auf der Unterseite ist. Dann parallel zu den Schmalseiten, im Abstand von 22 cm, jeweils eine Linie markieren. Die obere und untere Längskante 8 mm breit absteppen (= Tunnel). Das zweite Innenfachteil ebenso nähen.

5. Das Gummiband vierteln (= je 40 cm), jeweils mithilfe der Sicherheitsnadel in die Tunnel einziehen und das Band am Anfang und Ende feststecken. Die Tunnelöffnungen ca. 5 mm breit absteppen, dabei die Bandenden fixieren.

6. Die Innenfachteile auf die Innenteile A legen. An den Schmalseiten sowie entlang der markierten Linien aufstecken und festnähen. Dann die Innenteile rechts auf rechts legen und zusammennähen wie unter Punkt 3 beschrieben.

7. Rechteck D (= stabile Einlage) mit der Klebeseite nach oben legen, das Innenteil mit der linken Stoffseite darauf stellen und von innen bzw. von der rechten Stoffseite aus festbügeln.

8. Das Innenteil links auf links ins Außenteil schieben, die Oberkanten nach Bedarf bündig schneiden und ca. 4 mm breit zusammennähen. Die Kanten rundum mit Schrägband einfassen, damit an den Innenseite beginnen (vgl. S. 127, Kante ohne Ecken).

9. Das Gurtband halbieren. Die Enden jeweils 3 cm breit nach hinten umfalten, an den markierten Stellen auf das Außenteil stecken und dann quadratsowie kreuzförmig mit dichten, schmalen Zickzackstichen festnähen.

Tipp: Werden innere Vorder- und Rückseite etwas kürzer zugeschnitten, passt sich das Innenteil dem Außenteil besser an und wirkt weniger faltig.

Hinweis: Die Tasche wird so beschrieben, dass kein zusätzlicher Stoff für den Taschenboden benötigt wird. Soll er sich jedoch farblich abheben oder aus Wachstuch (siehe Foto) gearbeitet sein, dann den Boden zweimal separat zuschneiden. Dabei jeweils an den Längskanten Nahtzugaben zum Zusammenfügen der Teile berücksichtigen.

**SCHWIERIGKEITS-
GRAD 1-2**

GRÖSSE
8 cm und 10 cm hoch (ohne Stab),
ø nach Wunsch

MATERIAL

PRO WINDLICHT
- Rest Baumwollstoff mit grafischem Muster
- Rest stabile Bügeleinlage S 520
- Holzrundstab, ø 8 mm, ca. 30-40 cm lang
- Kleiner Nagel
- Hammer
- Marmeladenglasdeckel, ø z. B. 7,5 cm oder 8,5 cm
- Alleskleber

ZUSCHNITT
- Zuerst die Maße für die Bügeleinlage wie folgt berechnen:
- Breite: Innenumfang des Deckelrandes ausmessen, am besten dazu ein flexibles Maßband verwenden.
- Höhe: 8 cm für kleines Windlicht, 10 cm für großes Windlicht

Die Maße auf die Bügeleinlage zeichnen und das Rechteck ausschneiden. Dann das Rechteck mit der Klebeseite nach unten so auf die linke Stoffseite legen, dass beim Stoff an den Längskanten mindestens 1,5 cm und an den kurzen Kanten mindestens 5 mm überstehen. Die Einlage unter einem feuchtem Tuch festbügeln. Mithilfe eines Geo-Dreieckes an den Längskanten 1,5 cm Zugabe für den Doppelsaum, an den kurzen Kanten 5 mm Nahtzugabe aufzeichnen. Das Stoffrechteck ausschneiden.

WINDLICHTER
stimmungsvolle Beleuchtung

ANLEITUNG

1. An den Längskanten (= Ober- und Unterkante) den Doppelsaum zunächst vorbügeln. Dazu die Zugabe jeweils 0,75 cm zur linken Stoffseite umbügeln, sodass sie an der Einlagenkante anstößt, dann nochmals 0,75 cm breit umbügeln. Den Saum wieder auffalten.

2. Die kurzen Kanten rechts auf rechts legen und 5 mm breit zusammennähen. Dann die Nahtzugabe zusammengefasst versäubern.

3. An Ober- und Unterkante den Doppelsaum jeweils wieder umfalten und mit Stecknadeln quer zur Nahtlinie so feststecken, dass nur der Kopf übersteht. Die Nähnadel, falls möglich, auf die linke Position stellen, die Stoffhülle etwas flach drücken und den Saum jeweils von der rechten bzw. inneren Stoffseite aus festnähen.

4. Die Hülle wenden und über einem Bügelarm glattbügeln.

5. Einen Marmeladenglasdeckel am Holzstab befestigen, dazu den Deckel mittig auf das Stabende legen und mit dem Hammer den Nagel einschlagen. Die Hülle einsetzen und eventuell die Unterkante festkleben. Das Teelicht zur Sicherheit in einem kleinen Glas einstellen und nicht unbeaufsichtigt brennen lassen.

Hinweis: Den Baumwollstoff sollten Sie vor dem Zuschneiden vorwaschen oder dämpfen – da die stabile Einlage S 520 mit feuchtem Tuch aufgebügelt wird, könnte unbehandelter Stoff eingehen und so Falten bilden.
Deckel und Holzstab können Sie nach Wunsch in einer zum Stoff passenden Farbe streichen.

KUSCHELDECKE
mit Patchwork-Wabenmuster

ANLEITUNG

1. Bei der Decke entlang den Kanten das Nahtband bündig aufbügeln, es verhindert beim sehr dehnbaren Fleece das Verziehen beim Nähen. Anschließend die Kanten rundum mit Schrägband einfassen (vgl. S. 127, Kante mit Ecken).

2. Gemäß Schemazeichnung rechts (die Buchstaben in den Teilen A entsprechen den Stoffen) die Applikationen auflegen – am besten auf der weniger florigen Fleeceseite, da Aufbügelmotive hier besser haften. Weil die Decke sehr groß ist, empfiehlt es sich, Reihe für Reihe zu arbeiten: Teile aufstecken, mit feuchtem Tuch abdecken und aufbügeln, dann mit Geradstich schmalkantig festnähen.

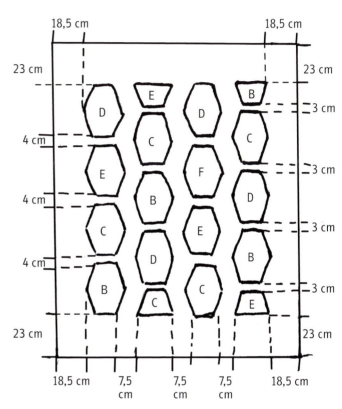

SCHWIERIGKEITSGRAD 2

GRÖSSE
140 cm x 190 cm

MATERIAL
- Fleece in Creme, ca. 145 x 200 cm (Stoff A)
- Baumwolljersey, je 40 cm lang: 100 cm in Gelb, 130 cm in Grün, 100 cm in Hellgrau, 80 cm in Dunkelgrau (Stoffe B-E), ca. 25 cm x 35 cm in Rot gemustert (Stoff F)
- Vliesofix, 140 cm x 90 cm
- Nahtband zum Aufbügeln, 1 cm breit, ca. 7 m lang
- Vorgefalztes Schrägband in Creme, 3 cm breit (fertige Breite 1,5 cm), ca. 7 m lang

ZUSCHNITT
Das angegebene Maß für die Decke enthält ringsum 1,5 cm Nahtzugabe.

Applikation: Teile A dicht an dicht bzw. mit ca. 4 mm Abstand auf die Vliesofix-Papierseite aufzeichnen, mit ca. 2 mm Abstand zur Kontur ausschneiden, jeweils auf die entsprechende linke Stoffseite bügeln und exakt ausschneiden (vgl. S. 121).

STOFF A:
1x Decke 140 cm x 190 cm

STOFFE B-F:
- Teil A, für halbe Teile den Papierschnitt entlang der Strichellinie zur Hälfte falten:
- 3,5x in Gelb (B)
- 4,5x in Grün (C)
- 4x in Hellgrau (D)
- 3x in Dunkelgrau (ein Teil davon halbieren) (E)
- 1x in Rot (F)

SCHNITTMUSTERBOGEN A, TEIL A

SCHWIERIGKEITSGRAD 2

GRÖSSE
Kleine Schale ø ca. 21 cm, 8 cm hoch
Große Schale ø ca. 25 cm, 10 cm hoch

MATERIAL
PRO SCHALE (ANGABEN NACH SCHRÄGSTRICH FÜR GROSSE SCHALE)
- Baumwollstoff mit Hexagonmuster (Stoff A) ca. 35 cm x 35 cm/40 cm x 40 cm
- Beschichteter Baumwollstoff in Uni in passender Farbe (Stoff B), ca. 35 cm x 35cm/40 cm x 40 cm
- Decovil I Light, ca. 35 cm x 35cm/40 cm x 40 cm
- Stabile Bügeleinlage S 320, ca. 35 cm x 35 cm/40 cm x 40 cm

ZUSCHNITT
Das Schnittteil enthält an den Seitenkanten eine Nahtzugabe, siehe Strichellinien. Für die große Schale Außen- und Innenteil zunächst kreisförmig entlang der äußeren Linie aus Stoff ausschneiden, für die kleine Schale entlang der Strich-Punkt-Linie.

STOFF A:
1x Schale (= Außenteil)

STOFF B:
1x Schale (= Innenteil)

DECOVIL:
- 5x Seitenteil a jeweils ohne Nahtzugabe (für Außenteil)
- 1x Boden b (für Außenteil)

STABILE EINLAGE:
1x Schale ohne Nahtzugabe (für Innenteil)

SCHNITTMUSTERBOGEN B, TEILE A (= GROSSE SCHALE) + B (= KLEINE SCHALE)

BUNTE SCHALEN
für Nüsse, Chips und Gummibärchen

ANLEITUNG

1. Die Decovil- und Einlagezuschnitte auf die linken Stoffseiten bügeln. Beim Innenteil die nebeneinanderliegenden Seitenkanten jeweils rechts auf rechts legen, gleiche Nahtzahlen treffen aufeinander, und zusammennähen, dabei an der Außenkante beginnen, siehe Zeichnung. Überstehenden Stoff ca. 6-7 mm breit neben den Nähten abschneiden. Die Nahtzugaben auseinanderbügeln.

2. Beim Außenteil die Seitenkanten zusammennähen wie beim Innenteil, dann wenden. Für einen dekorativen Effekt auf der rechten Stoffseite mit dichten Zickzackstichen über die Seitennähte nähen.

3. Das Innenteil links auf links ins Außenteil legen und die oberen Kanten aufeinanderstecken, eventuell bündig schneiden. Dann die Kanten mit dichten, breiten Zickzackstichen zusammennähen, der rechte Stich muss dabei jeweils direkt neben den Kanten nach unten stechen, damit sie schön umschlossen werden können.

Tipp: Statt die Oberkanten der Schale mit Zickzackstich zu umnähen, können Sie sie auch dekorativ mit einem farblich passenden Schrägband einfassen.

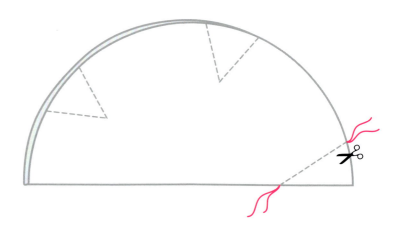

NACKENHÖRNCHEN
bequeme Stütze für den Kopf

SCHWIERIGKEITSGRAD 1

GRÖSSE
ca. 35 cm x 40 cm

MATERIAL
- Baumwollstoff in Rot-Weiß gepunktet (Stoff A), 40 cm x 45 cm
- Baumwollstoff in Beige-Türkis gepunktet (Stoff B), 40 cm x 45 cm
- Volumenvlies zum Aufbügel, 40 cm x 90 cm
- Füllwatte, ca. 400 g

ZUSCHNITT
Die Teile mit 1 cm Nahtzugabe gemäß Schnitt zuschneiden. Das Volumenvlies jeweils auf die linke Stoffseite bügeln.

SCHNITTMUSTERBOGEN A

ANLEITUNG

1. Die Schnittteile rechts auf rechts aneinanderheften und bis auf eine Wendeöffnung von ca. 10 cm zusammennähen.

2. Die Nahtzugabe knappkantig zurückschneiden und in den Rundungen etwas einschneiden. Den Kissenbezug wenden.

3. Das Kissen gleichmäßig mit Füllwatte ausstopfen, bis es die gewünschte Fülle erreicht hat, und die Wendeöffnung mit Handstichen zunähen.

LIEGESTUHLKISSEN
einfach mit Druckknöpfen befestigen

ANLEITUNG

1. Die Zuschnitte für die Bindeschlaufen jeweils rechts auf rechts zusammenheften und an der langen und einer kurzen Kante zunähen. Mithilfe einer Sicherheitsnadel wenden und bügeln.

2. Die Bindeschlaufen aus Stoff A gemäß der Markierung im Schnittmuster am Besatz aus Stoff B rechts auf rechts annähen und die Bindeschlaufen aus Stoff B am Besatz aus Stoff A. Beim Annähen müssen die Schlaufen flach auf den Besätzen liegen.

3. Jeweils ein zweites Besatzteil rechts auf rechts an die Kante mit den Schlaufen heften und annähen. Die Naht auseinanderbügeln.

4. Die Besätze jeweils an den Längskanten des Mittelteils rechts auf rechts heften und annähen. Die Naht auseinanderbügeln.

5. Die Nahtzugaben nach links umbügeln und knappkantig an der Naht des Frotteeteils heften und absteppen.

6. Das Baumwollripsband halbieren und die Druckknöpfe gemäß Markierung an den Bändern anbringen.

7. Die Bänder gemäß Schnittmarkierung an die noch offene Kante annähen.

8. Das Kissen rechts auf rechts in den Umbruch legen und die obere Kante mit den Druckknopfbändern heften und zusammennähen. Die Nahtzugabe mit Zickzackstich versäubern und wenden.

9. Die Kissenfüllung einschieben und die seitlichen Bänder nach Belieben zusammenbinden.

SCHWIERIGKEITSGRAD 2

GRÖSSE
ca. 45 cm x 30 cm

MATERIAL
- Frotteestoff in Rot (oder ein Frotteehandtuch), 65 cm x 30 cm
- Baumwollstoff in Beige-Türkis gepunktet (Stoff A), 20 cm x 65 cm
- Baumwollstoff in Rot-Beige gepunktet (Stoff B), 20 cm x 65 cm
- Volumenvlies zum Aufbügeln, 40 cm x 65 cm
- Kisseninlet oder Schaumstoffkissen, 45 cm x 30 cm
- Baumwollripsband in Rot, 3 cm breit, 60 cm lang
- 4 Druckknöpfe in Rot, ø 1,4 cm

ZUSCHNITT
- Die Teile gemäß Schnitt mit 1 cm Nahtzugabe zuschneiden. Volumenvlies auf die linke Stoffseite der Stoffe A und B bügeln.
- Bindeschlaufen aus Stoff A und B: je 2 x 8 cm x 22 cm

SCHNITTMUSTERBOGEN B

LIEGENAUFLAGE MIT UTENSILO

Mix aus weichem Frottee und Retrostoffen

SCHWIERIGKEITSGRAD 3

GRÖSSE
ca. 200 cm x 65 cm

MATERIAL
- Frotteestoff in Rot (oder ein Frotteebadetuch), ca. 130 cm x 70 cm
- Baumwollstoff floral gemustert (Stoff A), 250 cm x 110 cm
- Baumwollstoff ornamental gemustert (Stoff B), 70 x 130 cm
- Volumenvlies zum Aufbügeln, 250 cm x 110 cm
- Schaumstoffeinlage oder mehrere Lagen Volumenvlies, ca. 2 cm hoch, 70 cm x 130 cm
- Rest Vlieseline (für die Bänder am Kopfteil)
- 2 Druckknöpfe in Rot, ø 1,4 cm

ZUSCHNITT
- Die Teile gemäß Schnitt mit 1 cm Nahtzugabe zuschneiden. Das Volumenvlies auf die linke Stoffseite von Stoff A bügeln.
- Bänder am Kopfteil aus Stoff A: 2 x 10 cm x 17 cm

SCHNITTMUSTER
Die Vorlagen zu dieser Anleitung steht im TOPP Download-Center unter www.topp-kreativ.de/downloadcenter nach erfolgter Registrierung zum Download bereit. Der Code zum Freischalten finden Sie im Impressum (PDF-Seite 66-113).

ANLEITUNG

1. Das Mittelteil aus Frottee mit Schaumstoffeinlage oder mehreren Lagen Volumenvlies links auf links zusammenheften und über die gesamte Stofffläche hinweg mit waagerechten und senkrechten Nähten absteppen, damit die Lagen gut zusammenhalten.

2. Für das Utensilo: Ein Schnitteil B mit und ein Schnittteil B ohne Volumenvlies rechts auf rechts heften und die obere Kante zusammennähen, wenden und ca. 2 cm breit absteppen. Das Taschenteil auf Schnittteil A gemäß Nahtmarkierung steppen und die Seitenkanten zusammenheften. An der unteren Kante in Falten legen.

3. Das zweite Schnittteil A rechts auf rechts auf Teil A mit den aufgenähten Taschen heften und untere und seitliche Kanten zusammennähen. Die Nahtzugabe zurückschneiden, wenden und bügeln.

4. Das Utensilo rechts auf rechts gemäß der Markierung im Schnittmuster auf das Mittelteil heften und annähen.

5. Den Mittelteil-Zuschnitt aus Stoff B rechts auf rechts auf das Frottee-Mittelteil heften und an den Längskanten zusammennähen. Das Utensilo muss dabei zwischen den beiden Teilen liegen. Die Nahtzugabe knapp zurückschneiden und das Teil wenden.

6. Die Nahtzugaben an den Bändern für das Kopfteil an der Längskante

nach links bügeln, links auf links in den Umbruch legen, heften und knappkantig an den Längskanten absteppen. Ein Ende jeweils ca. 3 cm umschlagen und den Druckknopf nach Herstelleranleitung anbringen.

7. Die Bänder gemäß Schnittmarkierung am Kopfteil rechts auf rechts annähen.

8. Das Schnittteil aus Stoff A für das Kopfteil ohne Volumenvlies an einer langen Kante ca. 2 cm breit säumen und links auf rechts auf ein Teil mit Volumenvlies an der oberen Kante und den Seitenkanten annähen.

9. Das Ganze rechts auf rechts auf das andere Kopfteil heften und obere und seitliche Kanten zusammennähen. Die

Nahtzugabe zurückschneiden und verstürzen.

10. Nun das Kopfteil rechts auf rechts an das Mittelteil heften und annähen. Die Nahtzugabe zurückschneiden und verstürzen. Die Rückseite des Kopfteils in der Naht anheften und absteppen.

11. Das Schnittteil aus Stoff A für das Fußteil rechts auf rechts heften und an unterer und seitlichen Kanten zusammennähen. Anschließend das Fußteil rechts auf rechts an das Mittelteil heften und zusammennähen. Die Nahtzugabe zurückschneiden und verstürzen. Die Rückseite des Kopfteils in der Naht anheften und absteppen.

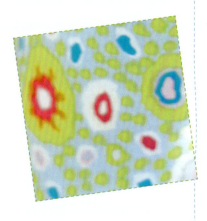

DOSENKÜHLER
in fröhlichem Punktemuster

SCHWIERIGKEITSGRAD 1

GRÖSSE
ca. 17 cm x 7 cm

MATERIAL
- Baumwollstoff in Aqua gemustert (Stoff A), 20 cm x 24 cm
- Baumwollstoff in Beige-Türkis gepunktet (Stoff B), 10 cm x 10 cm
- Volumenvlies zum Aufbügeln, 20 cm x 34 cm
- Windschutzscheiben-Thermoisolierung, ca. 20 cm x 34 cm
- Baumwollschrägband in Gelb, 20 cm lang
- Kordel in Weiß, ca. 70 cm lang
- Schmales doppelseitiges Klebeband

ZUSCHNITT
Die Teile gemäß Schnitt mit 1 cm Nahtzugabe zuschneiden. Das Volumenvlies auf die linke Stoffseite von Seiten- und Bodenteil bügeln.

SCHNITTMUSTER
Die Vorlagen zu dieser Anleitung steht im TOPP Download-Center unter www.topp-kreativ.de/downloadcenter nach erfolgter Registrierung zum Download bereit. Der Code zum Freischalten finden Sie im Impressum (PDF-Seite 114-115).

ANLEITUNG

1. Die Seitennaht vom Seitenteil rechts auf rechts zusammennähen.

2. Das Bodenteil rechts auf rechts in das Seitenteil heften und annähen.

3. Die Seitenkanten des Schnittteils aus Thermoisolierung mit Klebeband zusammenfügen und das Bodenteil ebenso mit Klebeband einfügen.

4. Die Thermoisolierung in die Stoffhülle schieben.

5. Die obere Kante der Stoffhülle mit dem Baumwollschrägband einfassen und ca. 2 cm nach innen in den Umbruch legen.

6. Die Kordel von außen im Abstand von ca. 2 cm zur oberen Kante mit festen Handstichen annähen und dabei den Umbruch auf der Innenseite mitfassen.

7. Den Rest der Kordel als Henkel anknoten und fest mit Handstichen vernähen.

BRILLENETUI
mit Aufhängeschlaufe

ANLEITUNG

1. Den Reißverschluss rechts auf rechts an die Kante des Teils aus Stoff A von der oberen Mitte beginnend anheften und annähen. Den Reißverschluss eher etwas zu lang wählen, denn er kann an der unteren Kante eingekürzt werden.

2. Vom Baumwollripsband ein 10 cm langes Stück abschneiden, eine 5 cm lange Schlaufe legen und diese gemäß Schnittmarkierung an der unteren Kante des Schnittteils aus Stoff A annähen. Die Schlaufenenden liegen dabei bündig an der Kante.

3. Das restliche Baumwollripsband mit einem Ende gemäß Markierung rechts auf rechts an die obere Kante nähen. Das Band liegt beim Nähen auf dem Stoffteil.

4. Nun das Schnittteil aus Stoff B rechts auf rechts an das Teil mit Reißverschluss und Bändern heften und entlang des Reißverschlusses knappkantig annähen. Die Nahtzugabe knapp zurückschneiden, das Teil wenden und bügeln.

5. Den Reißverschluss zur Hälfte schließen und gemäß Schnittmarkierung das Brillenetui falten. Die untere offene Kante rechts auf rechts zusammennähen. Das Brillenetui wenden.

6. Das Band an der noch offenen Kante zweimal umschlagen und absteppen. Zum Schluss den Druckknopf so anbringen, dass das Band eine Schlaufe zum Öffnen bildet.

SCHWIERIGKEITSGRAD 2

GRÖSSE
ca. 10 cm x 22 cm

MATERIAL
- Baumwollstoff in Rot-Weiß gepunktet (Stoff A), 25 cm x 25 cm
- Baumwollstoff in Beige-Türkis gepunktet (Stoff B), 25 cm x 25 cm
- Volumenvlies zum Aufbügeln, 25 cm x 25 cm
- Baumwollripsband in Rot, 3 cm breit, 40 cm lang
- Druckknopf in Rot, ø 1,4 cm
- Reißverschluss in Rot, 26 cm

ZUSCHNITT
Die Teile gemäß Schnitt mit 1 cm Nahtzugabe zuschneiden. Das Volumenvlies auf die linke Stoffseite des Teils aus Stoff A bügeln.

SCHNITTMUSTERBOGEN B

STIFTEBOX
eine runde Sache

ANLEITUNG

1. Die Vlies- und Decovilzuschnitte auf die linken Stoffseiten der entsprechenden Teile bügeln. Decovilteile I + J jeweils an den Schmalseiten 2 cm breit überlappend zur Röhre legen, über den Bügelarm schieben und die Seiten aufeinanderbügeln.

2. Die Schmalseiten des äußeren Seitenteils A rechts auf rechts legen und zusammennähen, die Nahtzugaben auseinanderstreichen. Die Unterkante rechts auf rechts auf den äußeren Boden B stecken und festnähen. Die Nahtzugaben zurückschneiden.

3. Die Oberkante des inneren Seitenteils E 1 cm breit zur linken Stoffseite umbügeln, dann wieder auffalten. Inneres Seitenteil und Boden F ebenso wie das äußere Teil zusammennähen.

4. Beim äußeren Deckelkreis D mittig die Öse anbringen. Die Schmalseiten des äußeren Deckelseitenteils C rechts auf rechts legen und zusammennähen, die Nahtzugaben auseinanderstreichen. Die Oberkante rechts auf rechts auf den Deckelkreis stecken und festnähen. Die Nahtzugabe zurückschneiden.

5. Das Dekoband zur Schlinge legen, die Enden auseinanderklappen und auf der linken Seite des inneren Deckelkreises G festnähen. Die Unterkante des inneren Deckelseitenteils H 1 cm breit zur linken Stoffseite umbügeln, dann wieder auffalten. Inneres Deckelseitenteil und Deckelkreis ebenso wie das äußere Teil zusammennähen.

6. Die äußeren Teile wenden. Den Reißverschluss rechts auf rechts bündig um das Seitenteil A legen, überlappende Bandenden zusammenkleben. Das Band 5 mm breit festnähen. Das Teil wenden, sodass die linke Seite außen ist, und die andere Reißverschlusshälfte nach oben klappen.

7. Den Reißverschluss etwas öffnen. Den Deckel so einschieben, dass Kante und Reißverschlussband rechts auf rechts bündig liegen, siehe Zeichnung. Das Band 5 mm breit festnähen, dann die Box wenden. Den Reißverschluss vollständig öffnen.

SCHWIERIGKEITSGRAD 3

GRÖSSE
ø 9 cm, ca. 16,5 cm hoch (ohne Schlinge)

MATERIAL
- Baumwollstoff in Grau mit weißen Sternchen (Stoff A), 45 cm x 15 cm
- Baumwollstoff in Weiß-Rosa-Grau gemustert (Stoff B), 45 cm x 15 cm
- Baumwollstoff in Weiß-Grau gestreift (Stoff C), 45 cm x 25 cm
- Volumenvlies H 630, 45 cm x 25 cm
- Decovil I, 40 cm x 20 cm
- Dekoband in Grau mit Sternchen, 1,5 cm breit, 11 cm lang
- Reißverschluss, 30 cm lang (Meterware), mit 2 Tropfenschiebern
- Öse mit Scheibe, ø 8 mm
- Textilkleber

ZUSCHNITT
Die Schnittteile und Maße enthalten, wenn nicht anders angegeben, 0,75 cm Nahtzugabe.

STOFF A:
- 1x Äußeres Boxseitenteil A
- 1x Äußerer Boden B

8. Die inneren Stoffteile in die vorbereiteten Decovilröhren einschieben, die vorgebügelte Kante jeweils um die Decovilkante nach außen umlegen und füßchenbreit festnähen. Die inneren Stoffteile links auf links in die äußeren Teile einschieben, die Schlinge durch die Öse nach außen führen. Die Kanten der Stoffteile jeweils innen am Reißverschlussband so festkleben, dass die Ansatznaht knapp verdeckt ist.

STOFF B:
- 1x Äußeres Deckelseitenteil C
- 1x Äußerer Deckelkreis D

STOFF C:
- 1x Inneres Boxseitenteil E
- je 1x Innerer Boden F/Deckelkreis G
- 1x Inneres Deckelseitenteil H

VOLUMENVLIES:
- 1x Boxseitenteil A, seitlich ohne Nahtzugabe (für äußeres Teil)
- je 1x äußerer Boden B/Deckelkreis D (für äußere Teile)
- 1x Deckelseitenteil G, seitlich ohne Nahtzugabe (für äußeres Teil)

DECOVIL:
- je 1x inerer Boden F/Deckelkreis G ohne Nahtzugabe (für innere Teile)
- 1x Boxseitenteil I, 29 cm x 11 cm (für inneres Teil)
- 1x Deckelseitenteil], 29 cm x 4 cm (für inneres Teil)

SCHNITTMUSTERBOGEN A, TEILE A-H

SCHWIERIGKEITSGRAD 2

GRÖSSE
86 cm x 104 cm

MATERIAL
- Baumwollstoff in Dunkelgrau, 185 cm x 115 cm (Stoff A)
- Baumwollstoff in Hellgrau, 75 cm x 75 cm (Stoff B)
- Baumwollstoff mit Rautenmuster 95 cm x 20 cm (Stoff C)
- Volumenvlies H 650 (beidseitig fixierbar), 95 cm x 110 cm
- Vliesofix, ca. 75 cm x 90 cm
- Bügelmusterstift, auswaschbar
- Transparentpapier

ZUSCHNITT
- Die angegebenen Maße enthalten 1 cm Nahtzugabe. Schriftzug A ist spiegelverkehrt abgebildet, damit er später richtig erscheint. Den Schriftzug mit dem Bügelmusterstift auf Transparentpapier zeichnen und laut Herstellerangaben auf die rechte Stoffseite von Kreis B übertragen.
- Applikation: Vorlagen A + B zunächst auf die Vliesofix-Papierseite aufzeichnen, großzügig ausschneiden, auf die linke Stoffseite aufbügeln und erst dann exakt ausschneiden (vgl. S. 125).

STOFF A:
- 1x Oberteil, 88 cm x 94 cm
- 1x Unterteil, 88 cm x 106 cm
- 1x Schriftzug A (= Applikation)

STOFF B:
1x Kreis B (= Applikation)

STOFF C:
2x Streifen, 88 cm x 8 cm

VOLUMENVLIES:
1x Rechteck, 88 cm x 106 cm

SCHNITTMUSTER
Die Vorlagen zu dieser Anleitung steht im TOPP Download-Center unter www.topp-kreativ.de/downloadcenter nach erfolgter Registrierung zum Download bereit. Der Code zum Freischalten finden Sie im Impressum (PDF-Seite 116-127).

LÄUFER
mit Buchstabenapplikation

ANLEITUNG

1. Schriftzug A auf die rechte Stoffseite von Kreis B bügeln. Erst danach von der Rückseite des Kreises die Vliesofix-Schutzfolie abziehen. Die Buchstaben mit dichtem Zickzackstich aufnähen. Nun den Kreis mittig auf das Oberteil bügeln und ebenso mit Zickzackstich aufnähen.

2. Je einen Streifen rechts auf rechts auf die Schmalseiten des Oberteils legen und die Kanten zusammennähen. Die Nahtzugaben auseinanderbügeln. Das Oberteil mit der linken Seite auf das Vliesrechteck legen und unter einem feuchtem Tuch schrittweise aufbügeln, dabei darauf achten, dass die Vliesunterseite nicht fixiert wird. Das Oberteil rechts auf rechts auf das Unterteil legen und die Kanten bis auf eine ca. 14 cm lange Wendeöffnung in Schmalseitenmitte zusammennähen, siehe Zeichnung. Die Nahtzugabe auseinanderstreichen und in den Ecken abschrägen.

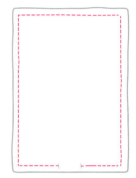

3. Den Läufer wenden und schön ausformen. Die Wendeöffnung von Hand oder mit Maschinenstichen knappkantig schließen. Das Unterteil sorgfältig glatt streichen und bügeln, um es mit der anderen Vliesseite zu verbinden. Beim Oberteil die beiden Nähte im Nahtschatten absteppen. Nach Wunsch das Oberteil rundum schmal absteppen.

Tipp: Für einen rutschfesten Läufer empfiehlt es sich, auf die Unterseite Noppen-Latex aufzutragen. Bringen Sie dazu einfach in regelmäßigen Abständen kleine Latexpunkte auf und lassen diese trocknen.

TABLETHÜLLE
stabil und mit praktischen Haltelaschen

ANLEITUNG

1. Die Längskanten der Außenteile rechts auf rechts aneinandernähen, sodass ein Rechteck in der Reihenfolge A-B-A entsteht. Die Nahtzugaben auseinanderbügeln. Das Vliesrechteck auf die linke Stoffseite bügeln.

2. Den Einlagezuschnitt C (S320) auf die linke Stoffseite von Lasche C bügeln. Das Kletthakenband auf der rechten Stoffseite aufstecken und knappkantig festnähen. Die Lasche in Längsmitte rechts auf rechts legen und die offenen Kanten bis auf eine Wendeöffnung zusammennähen. Die

Nahtzugaben auseinanderstreichen und in den Ecken abschrägen. Wenden. Die Kanten seitlich und entlang des Stoffbruchs schmal absteppen. Die Lasche auf die rechte Stoffseite des rückwärtigen Außenteils legen, an der Oberkante schmalkantig festnähen und dabei die Wendeöffnung schließen. Die oberen Ecken mit Zickzackstich schräg festnähen.

3. Die Kordel halbieren. Die Abschnitte auf der rechten Stoffseite über die Ecken des rückwärtigen Außenteils legen. Stichlänge 1 einstellen und in-

nerhalb der Nahtzugabe mehrmals über die Enden nähen.

4. Für die Einsteckecken vom Gummiband vier Stücke à 8,5 cm abschneiden. Die Abschnitte auf die rechte Stoffbreite des rechten Innenteils D legen, überstehende Bandecken abschneiden, dann die Enden innerhalb der Nahtzugabe festnähen. Die Längskanten der Innenteile rechts auf rechts aneinandernähen, sodass ein Rechteck in der Reihenfolge D-E-D entsteht. Die Nahtzugabe auseinan-

---

SCHWIERIGKEITSGRAD 3

GRÖSSE
Ca. 20 cm x 27 cm (geschlossen)

MATERIAL
- Baumwollstoff in Weiß-Blau-Grau gemustert, 80 cm x 30 cm (Stoff A)
- Baumwollstoff in Blau mit weißen Streifen, 25 cm x 30 cm (Stoff B)
- Baumwollstoff in Grau, 30 cm x 30 cm (Stoff C)
- Volumenvlies H 630, 45 cm x 30 cm
- Stabile Bügeleinlage S 320 und S 133, je 45 cm x 30 cm
- Klettband in Blau, 2 cm breit, 8 cm lang
- Gummiband in Blau, 2,5 cm breit, ca. 40 cm lang
- Elastic-Kordel in Blau, ø 2,5 cm, 28 cm lang

ZUSCHNITT
Die Schnittteile enthalten 0,75 cm Nahtzugabe.

STOFF A:
- 2x Außenteil A (vorderes + rückwärtiges Teil)
- 1x Innenteil D (rechts)
- 2x Täschchen F (Vorder- + Rückseite, davon 1x spiegelverkehrt aufzeichnen)

STOFF B:
- 1x Mittelteil B (außen)
- 1x Verschlusslasche C

STOFF C:
- 1x Mittelteil E (innen)
- 1x Innenteil D (links)

VOLUMENVLIES:
1x Rechteck, 42 cm x 28,2 cm (für Außenteil)

EINLAGE S 320:
- 1x Rechteck, 42 cm x 28,2 cm (für Innenteil)
- 1x Verschlusslasche C ohne Nahtzugabe

EINLAGE S 133:
je 1x Rechteck G, H, I

SCHNITTMUSTER
Die Vorlagen zu dieser Anleitung steht im TOPP Download-Center unter www.topp-kreativ.de/downloadcenter nach erfolgter Registrierung zum Download bereit. Der Code zum Freischalten finden Sie im Impressum (PDF-Seite 128-136).

derbügeln. Das große Einlagerechteck (S320) auf die linke Stoffseite bügeln.

5. Für Täschchen F Vorder- und Rückseite rechts auf rechts legen und die Kanten bis auf eine Wendeöffnung zusammennähen. Die Nahtzugaben auseinanderstreichen und in den Ecken abschrägen. Wenden. Das Täschchen auf die rechte Stoffseite des linken Innenteils legen, seitlich und unten schmalkantig festnähen und dabei die Wendeöffnung schließen. Das Klettflauschband auf das Innenteil stecken und knappkantig festnähen.

6. Innen- und Außenteil rechts auf rechts legen, die Kordeln und Einsteckecken liegen zwischen den Stofflagen, und bis auf eine Wendeöffnung zusammennähen. Die Nahtzugaben auseinanderstreichen und in den Ecken abschrägen. Wenden.

7. Rechteck G so einschieben, dass die Klebeseite auf der linken Stoffseite des rechten Innenteils liegt, dann festbügeln, siehe Zeichnung. Mittelteil E beidseitig im Nahtschatten (= entlang der Verbindungsnähte) absteppen. Rechteck H ebenso einschieben und festbügeln, dann entlang der markierten Linie die Stofflagen absteppen. Rechteck I einschieben und festbügeln.

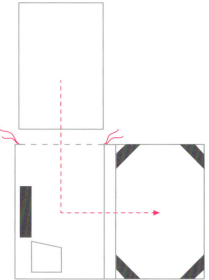

8. Die Innenseite rundum schmalkantig absteppen, dabei die Wendeöffnung schließen. Die Gummibandenden, die im Mittelteil festgenäht sind, schmal absteppen.

SCHWIERIGKEITSGRAD 2

GRÖSSE
ø 50 cm

MATERIAL

- Baumwollstoff in Grau mit weißen Streifen, 70 cm x 100 cm (Stoff A)
- Baumwollstoff in Weiß mit Sternchen, 70 cm x 15 cm (Stoff B)
- 2 Textilfilz-Platten à 30 cm x 45 cm, 4 mm stark
- Volumenvlies H 640, ca. 60 cm x 60 cm
- Rest Decovil I Light
- 4 Ösen mit Scheiben, ø 5 mm
- Druckknopf „Color Snap", ø 12,4 mm
- Kordel in Dunkelgrau, ø 4-5 mm, 1 m lang
- Dünne Kordel oder schmales Band, ca. 1,80 m lang
- Holzscheibe, ø 50 cm, ca. 3-4 mm stark
- Zackenschere
- Sicherheitsnadel
- Alleskleber

ZUSCHNITT
Schnittteile C + D enthalten 0,75 cm Nahtzugabe. Für die Teile A + D die Stoffe jeweils doppelt legen, um den Schnitt ab Stoffbruch (= gestrichelte Linie) spiegelgleich ergänzen zu können.

STOFF A:

- 1x Kreis A
- 1x Tasche D

STOFF B:

- 2x Körbchenteil E (= Außen-/Innenteil)
- 2x Körbchenboden F (= Außen-/Innenteil)

VOLUMENVLIES:
1x Kreis B

DECOVIL:

- 1x Körbchenteil E, seitlich + unten ohne Nahtzugabe (für Außenteil)
- 1x Körbchenboden F ohne Nahtzugabe (für Außenteil)

FILZ:
1x Kreis C, Zuschnitt siehe Anleitung

SCHNITTMUSTER
Die Vorlagen zu dieser Anleitung steht im TOPP Download-Center unter www.topp-kreativ.de/downloadcenter nach erfolgter Registrierung zum Download bereit. Der Code zum Freischalten finden Sie im Impressum (PDF-Seite 137-157).

PINNWAND
alles Wichtige im Blick

ANLEITUNG

1. Die Holzscheibe mit Filz bekleben, dafür die Platten in passende Teile schneiden und zusammensetzen. Löcher für die Aufhängung hinein bohren. Die Vlies- und Decovilzuschnitte auf die linken Stoffseiten der entsprechenden Teile bügeln.

2. Tasche D entlang des Stoffbruchs links auf links legen und auf Kreis A feststecken. Stichlänge 3,5-4 einstellen und mit 5 mm Abstand entlang der Kante A nähen, Nahtanfang und -ende nicht sichern, Fäden hängen lassen. Die Kante rundum mit der Zackenschere beschneiden. Zum Einkräuseln der Stoffkante die unteren Fadenenden soweit anziehen bis die Stoffkante an Vlieskante/Kreis B stößt. Den Rand bügeln und für den Tunnel 1,5 cm breit absteppen. Am Ende eine ca. 1,5 cm lange Öffnung lassen.

3. Die Ösen und unteren Druckknopfteile laut Herstellerangaben an den markierten Stellen befestigen. Die dünne Kordel mithilfe der Sicherheitsnadel in den Tunnel einziehen. Die Holzscheibe mittig platzieren, sodass die Filz- auf der Vliesseite liegt sowie die Ösen a und die Bohrlöcher übereinander sind. Nun die Enden der dicken Kordel jeweils durch Öse b, Bohrloch und Öse a fädeln, dann auf der Pinnwandvorderseite einen Knoten schlingen. Die Enden der dünnen Kordel fest anziehen, sodass sich der Stoffrand auf die Scheibenrückseite umlegt, und verknoten.

4. Die Schmalseiten des Körbchenaußenteils E rechts auf rechts aufeinanderstecken und zusammennähen. Die Nahtzugaben auseinanderbügeln. Die untere Kante rechts auf rechts auf den Außenboden F stecken und festnähen, die Nahtzugaben zurückschneiden. Das Innenteil ebenso nähen, seitlich jedoch eine Wendeöffnung offen lassen.

5. Das Außenteil wenden, rechts auf rechts in das Innenteil schieben, dann die Oberkanten aufeinanderstecken und zusammennähen. Die Nahtzugabe auseinanderstreichen. Das Körbchen wenden und die Wendeöffnung mit Maschinenstichen knappkantig schließen. Das Innenteil ins Außenteil schieben und nach Wunsch die Oberkante rundum absteppen. Die oberen Druckknopfteile anbringen, dann das Körbchen an der Pinnwand befestigen.

SCHWIERIGKEITSGRAD 1

GRÖSSE

Ca. 1,50 m x 1,70 m oder nach Wunsch

MATERIAL

- Baumwollstoff in Weiß-Grau mit Rautenmuster, ca. 55 cm x 140 cm (Stoff A)
- Baumwollstoff in Weiß-Rosa-Grau gemustert, ca. 55 cm x 145 cm (Stoff B)
- Gummiband in Grau, 1,5 cm breit, 140 cm lang
- je 2 Holzrundstäbe, ø 1,5 cm, ca. 1,64 m und 1,70 m lang
- 6 Holzrundstäbe, ø 8 mm, 45 cm lang
- 4 Holzkugeln, ø 40 mm, durchbohrt (ø Bohrung 1,5 cm)
- eventuell Holzleim

ZUSCHNITT

Die angegebenen Maße enthalten seitlich 2 cm Zugabe für den Doppelsaum sowie oben und unten 3 cm für den Tunnel.

STOFF A

2x Außenteil, 50 cm x 134 cm

STOFF B

1x Mittelteil, 50 cm x 140 cm

PARAVENT
Sichtschutz und Sonnensegel

ANLEITUNG

1. Auf der linken Stoffseite mithilfe von Geo-Dreieck oder Patchworklineal parallel zu den Schnittkanten Linien markieren: an den langen Kanten im Abstand von 2 cm und 3 cm, an den kurzen Kanten im Abstand von 2 cm und 5 cm.

2. Die langen Kanten jeweils 1 cm umbügeln, sodass sie an der ersten Linie anliegen. An den Zugaben die Ecken abschrägen, dann die Kanten nochmals 1 cm zur zweiten Linie umbügeln.

3. Für die Schlingen Annähpositionen an den langen Kanten markieren siehe Zeichnung: bei allen Kanten jeweils in Längsmitte und 3 cm unterhalb der Oberkante. Des weiteren bei den Außenteilen 5 cm oberhalb der Unterkante und beim Mittelteil 3 cm oberhalb der Unterkante. Vom Gummiband 18 Stücke à 7 cm abschneiden. Die Bandabschnitte jeweils doppelt bzw. zur Schlinge legen, die Enden an den markierten Linien unter die umgebügelte Zugabe schieben, sodass sie an der Bruchkante anstoßen: Bei den oberen Markierungen die Schlingen unterhalb der Linie, bei den unteren Markierungen oberhalb der Linie, an den mittigen Markierungen die Schlinge mittig unterschieben.

4. An den Längskanten jeweils den Saum knappkantig festnähen. Danach die Schlingen nach außen umlegen und knapp neben der äußeren Stoffkante festnähen, siehe Zeichnung.

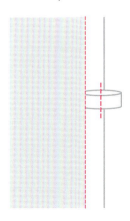

5. Für den Tunnel die kurzen Kanten zuerst 1 cm, dann 2 cm umbügeln und schmalkantig festnähen. Die kurzen Stäbe in die Tunnelöffnungen einschieben.

6. Außen-, Mittel-, Außenteil nebeneinander auf den Boden legen. Die beiden 1,64 m-Stäbe durch die äußeren Schlingen schieben. Die 1,70 m-Stäbe abwechselnd durch die Schlingen an Außen- und Mittelteil schieben. Die Kugeln oben auf die Stabenden stecken und eventuell festleimen.

Tipp: Soll der Paravent langanhaltenden schönen Sichtschutz bieten, eignen sich robuste Outdoor-Stoffe am besten, denn sie sind besonders lichtecht, schmutz- und wasserabweisend. Holzstäbe und -kugeln können Sie nach Wunsch in zum Stoff passender Farbe streichen. Spitzen Sie die unteren Stabenden etwas zu, damit sie sich besser in die Erde stecken lassen. Statt Holzstäben und -kugeln können Sie auch Metall-Gardinenstangen mit dekorativen Endstücken verwenden. Zum Aufstellen des Paravents die Stäbe dann z. B. in Blumentöpfe stecken.

BALKONGIRLANDE
sommerbunte Flattergrüße

ANLEITUNG

1. Jeweils zwei Schnittteile links auf links an der oberen Kante zusammennähen. Nach Belieben ein paar Federn, Perlen oder sonstiges Dekomaterial in die Naht mit einnähen. Auf diese Weise alle neun Wimpel fertigstellen.

2. Nach ca. 60 cm den ersten Wimpel rechts auf rechts in das Baumwollschrägband einnähen.

3. Nun werden die restlichen Wimpel im Abstand von ca. 10 cm rechts auf rechts in das Baumwollschrägband eingenäht.

4. Zum Schluss das Schrägband in der Umbruchkante links auf links umbügeln, zusammenheften und knappkantig absteppen.

SCHWIERIGKEITSGRAD 1
GRÖSSE
ca. 3,5 m lang

MATERIAL
- diverse Stoffreste aus Baumwolle und Tüll (Größe gemäß Schnittteil)
- Baumwollschrägband, ca. 3,5 m lang
- bunte Federn oder sonstiges Dekomaterial (Perlen, Bänder etc.)

ZUSCHNITT
18 x Schnittteil in beliebigen Stoffen und Farben zuschneiden.

SCHNITTMUSTERBOGEN B

KIMONO
leger, schick und schnell genäht

SCHWIERIGKEITSGRAD 2

GRÖSSE
38/40

MATERIAL
- Baumwollbatist floral gemustert (Stoff A), 240 cm x 140 cm
- Baumwollbatist grafisch gemustert (Stoff B), 45 cm x 140 cm
- Glasperlenbordüre, 1,20 m lang

ZUSCHNITT
Die Teile gemäß Schnitt mit 1 cm Nahtzugabe und 4 cm Saumzugabe zuschneiden.
- Gürtel aus Stoff A: 2 x 15 cm x 85 cm
- Gürtelschlaufen aus Stoff A: 2 x 3 cm x 20 cm

SCHNITTMUSTER
Die Vorlagen zu dieser Anleitung steht im TOPP Download-Center unter www.topp-kreativ.de/downloadcenter nach erfolgter Registrierung zum Download bereit. Der Code zum Freischalten finden Sie im Impressum (PDF-Seite 158-193).

ANLEITUNG

1. Die Nahtzugabe der oberen Taschenkanten links auf links umbügeln, links auf links in den Umbruch legen und knappkantig absteppen.

2. Die Nahtzugabe der Taschenseiten- und Unterkante links auf links umbügeln und gemäß der Markierung im Schnittmuster knappkantig auf die Vorderteile aufnähen.

3. Die Nahtzugabe der Schlaufen jeweils links auf links umbügeln, mittig in den Umbruch legen, zusammenheften und knappkantig absteppen. Die Schlaufen rechts auf rechts zur Hälfte gelegt gemäß Schnittmarkierung an den Seitenkanten der Vorderteile annähen.

4. Rückteil, Vorderteile und Ärmel an den Nahtkanten mit Zickzackstich, oder, wenn vorhanden, mit Overlockstich versäubern.

5. Die Schulternähte rechts auf rechts heften und zusammennähen.

6. Anschließend die Ärmel gemäß der Markierung rechts auf rechts auf die Vorderteile und das Rückteil heften und einnähen.

7. Nun die Seitennähte rechts auf rechts heften und zusammennähen bis zur Markierung (die restliche Naht offen lassen). Die Schlaufen werden dabei mit eingenäht.

8. Die Ärmelnähte rechts auf rechts heften und zusammennähen bis zur Markierung (die restliche Naht wiederum offen lassen).

9. Die Ärmel- und Kimonosäume zweimal umbügeln und absteppen.

10. Die Perlenbordüre gemäß Markierung an die Vorderteile und den Halsausschnitt am Rückteil heften und knappkantig festnähen.

11. Die rückwärtige Naht der Blende rechts auf rechts zusammennähen und auseinanderbügeln. Die Blende an der Umbruchkante links auf links umbügeln und gemäß Markierung rechts auf rechts an die Vorderteile und den Halsausschnitt anheften. Feststeppen und dabei die Perlenbordüre mitfassen (siehe auch Tipp).

12. Die Naht ausbügeln und die Blende links auf links in den Umbruch legen. Die Nahtzugabe zur Innenseite der Blende bügeln, knappkantig an den Kimono heften und absteppen.

13. Die Zuschnitte für den Gürtel rechts auf rechts legen und an den Längskanten zusammennähen. Mithilfe einer Sicherheitsnadel den Gürtel wenden und die Naht auseinanderbügeln. Die Enden des Gürtels ca. 1 cm nach innen falten und knappkantig absteppen.

TIPP: Mit dem schmalen Reißverschlussnähfuß lässt sich die Bordüre so knapp wie möglich mitfassen.

HAARBAND
mit Perlenbesatz

ANLEITUNG

1. Die Perlenbordüre gemäß der Markierung im Schnittmuster knappkantig an das Schnittteil aus Stoff A nähen. Das Webband der Bordüre muss dabei mit der Kante des Teils abschließen.

2. Nun das Schnittteil aus Stoff B rechts auf rechts auf das Teil mit Perlenbordüre heften, sodass die Bordüre zwischen den beiden Stofflagen liegt. Die Kanten rundherum zusammennähen, aber eine kleine Wendeöffnung lassen. Die Nahtzugabe knappkantig zurückschneiden und das Teil wenden. Mit einer stumpfen Bastelschere oder einer groben Häkelnadel die Ecken vorsichtig ausformen und bügeln.

3. Zum Schluss die Wendeöffnung mit Handstichen zunähen.

SCHWIERIGKEITSGRAD 1
GRÖSSE
ca. 50 cm x 7 cm

MATERIAL
- Baumwollbatist floral gemustert (Stoff A), 105 cm x 15 cm
- Baumwollstoff grafisch gemustert (Stoff B), 105 cm x 15 cm
- Perlenbordüre, 55 cm lang

ZUSCHNITT
Die Teile gemäß Schnitt mit 1 cm Nahtzugabe zuschneiden.

SCHNITTMUSTERBOGEN A

HÄNGEMATTE
die Seele baumeln lassen

SCHWIERIGKEITSGRAD 2

GRÖSSE
ca. 88 cm x 180 cm

MATERIAL
- Fester Baumwollstoff in Beige (Stoff A), 180 cm x 90 cm
- Fester Baumwollstoff in Bunt gestreift (Stoff B), 180 cm x 90 cm
- Decovil light, 40 cm x 90 cm
- Kordel, ø 1 cm, 46 m lang
- 18 Ösen mit Scheiben, ø 1,4 cm
- Stabiles Seil, ø 1,5 cm, 6 m lang (je nach Dicke des Baums zum Aufhängen etwas mehr oder weniger)
- 2 große Karabinerhaken

ZUSCHNITT
- Stoff A und Stoff B: je eine Stoffbahn à 180 cm x 90 cm
- Decovil light: 4 x 10 cm x 90 cm
- 18 x Kordel à 2,5 m Länge
- 2 x Kordel à 30 cm Länge

ANLEITUNG

1. An beide Enden jeder Stoffbahn jeweils einen Streifen Decovil light auf die linke Stoffseite bügeln.

2. Nun die Stoffbahnen rechts auf rechts legen, heften und rundherum zusammennähen bis auf eine seitliche Wendeöffnung von ca. 15 cm. Die Ecken knappkantig zurückschneiden und wenden.

3. Die Längskanten füßchenbreit absteppen und dabei die Wendeöffnung mit schließen.

4. Jeweils neun Ösen an der unteren und oberen Kante im Abstand von ca. 10 cm nach Herstelleranleitung einschlagen (siehe auch Tipp).

5. Durch jede Öse ein Stück Kordel ziehen, nach der halben Länge zusammenlegen und beide Enden zusammenknoten.

6. Zum Schluss auf beiden Seiten durch die verknoteten Kordeln das 30 cm lange Kordelstück ziehen und ebenfalls zu einer Schlinge verknoten.

7. An jeder Schlinge einen Karabinerhaken anbringen. Stabiles Seil an zwei Bäumen anbringen und den Karabinerhaken jeweils dort einhaken.

Tipp: Üben Sie das Einschlagen der Ösen vorher an einem doppellagigen Probestück. Sollte es sich als schwierig erweisen oder das Ergebnis unsauber ausfallen, können Sie die Ösen auch von einem Sattler einschlagen lassen.
Polyamid-Kordeln, Karabinerhaken und Ösen gibt es günstig im Baumarkt in der Abteilung Campingbedarf.

SCHWIERIGKEITSGRAD 2

GRÖSSE
Höhe ca. 40 cm, ø ca. 50 cm

MATERIAL
- Beschichteter Baumwollstoff floral gemustert (Stoff A), 55 cm x 110 cm
- beschichteter Baumwollstoff ornamental gemustert (Stoff B), 85 cm x 120 cm
- Baumwollstoff in Hellgrün (Stoff C), 55 cm x 55 cm
- Baumwollstoff in Pink-Orange gepunktet (Stoff D), 55 cm x 55 cm
- Styroporgranulat-Füllung, ca. 1,5 kg
- Volumenvlies zum Aufbügeln, 55 cm x 110 cm
- Pomponbordüre in Bunt, 1,70 m lang
- Farblich passender Reißverschluss (Meterware), 55 cm lang
- Klettband, 70 cm
- Schaumstoffkissen, Höhe ca. 3 cm, ø ca. 50 cm
- Textilsprühkleber oder schmales doppelseitiges Klebeband

ZUSCHNITT
Die Teile gemäß Schnitt mit 1 cm Nahtzugabe zuschneiden. Das Volumenvlies auf die linke Stoffseite der Schnittteile 2 und 3 bügeln.

- Seitenteil aus Stoff B: 2 x 37 cm x 82 cm
- Tragegurt aus Stoff B: 37 cm x 16 cm

SCHNITTMUSTER
Die Vorlagen zu dieser Anleitung steht im TOPP Download-Center unter www.topp-kreativ.de/downloadcenter nach erfolgter Registrierung zum Download bereit. Der Code zum Freischalten finden Sie im Impressum (PDF-Seite 194-209).

SITZPOUF
mit abnehmbarem Sitzkissen

ANLEITUNG

1. Die Seitenteile aus Stoff B rechts auf rechts an den beiden kürzeren Seitenkanten zusammennähen.

2. Die Nahtzugaben am Zuschnitt für den Tragegurt an den langen Kanten links auf links nach innen kleben und der Länge nach mittig links auf links in den Umbruch legen. An der offenen Kante zusammenkleben und knappkantig entlang beider Kanten absteppen.

3. Die Enden des Tragegurts jeweils an der oberen und unteren Kante über der Seitennaht des Seitenteils festnähen.

4. Das Klettband halbieren und die Kletthakenstücke jeweils gemäß der Schnittmarkierung auf ein Schnittteil 1 nähen.

5. Nun die Teile 1 rechts auf rechts an das Seitenteil heften und annähen. Dabei eine Öffnung von ca. 15 cm zum Einfüllen des Styroporgranulats offen lassen.

TIPP: Markieren Sie das Kreisteil an den vier Achspunkten durch Umbügeln und stecken Sie an diesen Punkten die vier Achspunkte des Seitenteils fest. So gelingt das gleichmäßige Einnähen des Kreises besser.

6. Das Styroporgranulat einfüllen und die Öffnung mit kleinen Handstichen zunähen.

7. Den Reißverschluss und die Stücke Klettflauschband gemäß Schnittmarkierung an die Schnittteile 3 nähen.

8. Die Pomponbordüre mit der Webkante bündig zur Kante des Schnittteils aus Stoff C knappkantig annähen.

9. Schnittteil 3 rechts auf rechts auf Teil 2 heften und die Kanten zunähen. Die Pomponbordüre muss sauber, am besten mit dem Reißverschlussnähfuß, mitgefasst werden. Den Reißverschluss zum Wenden des Sitzkissens noch etwas geöffnet lassen.

10. Zum Schluss das Schaumstoffkissen einziehen und den Reißverschluss schließen.

BALKONSICHTSCHUTZ

mit Utensilientaschen

ANLEITUNG

1. Die Zuschnitte aus Fliegengitter aufeinanderlegen und rundherum zusammennähen. Die Seitenkanten mit Baumwollschrägband einfassen.

2. Den Zuschnitt aus Stoff A entlang der langen Kante mittig rechts auf rechts in den Umbruch legen.

3. Den Zuschnitt aus Decovil light auf die linke Stoffseite der hinteren Umbruchhälfte bügeln. Darauf achten, dass die Nahtzugaben frei bleiben zum besseren Zusammennähen. Die Seitenkanten rechts auf rechts zusammennähen.

SCHWIERIGKEITSGRAD 3

GRÖSSE
ca. 90 cm x 100 cm

MATERIAL
- Beschichteter Baumwollstoff ornamental gemustert (Stoff A), 60 cm x 105 cm
- Beschichteter Baumwollstoff floral gemustert (Stoff B), 55 cm x 105 cm
- Baumwollstoff in Türkisgrün (Stoff C), 70 cm x 40 cm
- Baumwollstoff in Apfelgrün (Stoff D), 70 cm x 40 cm
- Baumwollstoff in Orange-Pink gepunktet (Stoff E), 70 cm x 40 cm
- Fliegengitter in Weiß, 90 cm x 100 cm
- Klettband, 1 m
- Baumwollschrägband in Gelb, 95 cm lang
- 8 Druckknöpfe in Weiß, ø 1,4 cm
- Decovil light, 55 cm x 100 cm
- Vlieseline H250, 120 cm x 90 cm
- Textilsprühkleber oder schmales doppelseitiges Klebeband

ZUSCHNITT
- Fliegengitter: 2 x 42 cm x 100 cm
- Stoff A: 52 cm x 102 cm, 8 x 25 cm x 2 cm
- Stoff B: 52 cm x 102 cm
- Decovil light: 2 x 25 cm x 100 cm

Die Taschen groß und klein gemäß Schnitt mit 1 cm Nahtzugabe zuschneiden. Die Vlieseline gemäß Schnitt auf die linke Stoffseite bügeln.

SCHNITTMUSTER
Die Vorlagen zu dieser Anleitung steht im TOPP Download-Center unter www.topp-kreativ.de/downloadcenter nach erfolgter Registrierung zum Download bereit. Der Code zum Freischalten finden Sie im Impressum (PDF-Seite 210-233).

4. Nun die Längskante des Teils aus Stoff A rechts auf rechts an die Längskante des Fliegengitters heften und annähen. Das Teil aus Stoff A wenden, die Nahtzugabe nach innen umlegen, mit doppelseitigem Klebeband verkleben und knappkantig absteppen.

5. Das Ganze wiederholen mit dem Zuschnitt aus Stoff B.

6. Auf die acht Zuschnitte aus Stoff A à 25 cm x 2 cm jeweils entsprechende Klett- und Flauschbandstücke nähen.

7. Je ein Flauschband auf ein Klettband legen, sodass das Flauschband auf der Seite mit Stoff A liegt und jeweils an der unteren Kante zusammennähen.

8. Gemäß Schnittmarkierung das Teil aus Stoff A vorsichtig mit spitzer Schere einschneiden (NUR auf Vorderseite!). Anschließend die zusammengenähten Klett- und Flauschbänder ca. 2 cm weit einschieben und mit zwei parallelen Nähten feststeppen (siehe Foto unten rechts).

9. Die Schnittteile aus Stoff C rechts auf rechts zusammenheften und an Seitennaht und unterer Kante zusammennähen. Die Nahtzugabe der oberen Kante links auf links umlegen, 2 cm in den Umbruch legen, heften und knappkantig absteppen.

10. Für die Ecken die Seitennähte der Tasche übereinanderlegen, sodass an der unteren Kante ein gleichmäßiges Dreieck entsteht, wo die Seitennaht mittig durchläuft. Im Abstand von ca. 3 cm zur Dreiecksspitze rechtwinklig zur Seitennaht absteppen (siehe Skizze unten). Das Dreieck bis auf ca. 5 mm zurückschneiden. An der zweiten Ecke wiederholen und die Tasche wenden.

11. Schritt 10 wiederholen mit den Taschen aus Stoff D und E.

12. Nach Belieben ein Ornament aus Stoff A ausschneiden und auf die großen Taschen mittig aufnähen.

13. Die Druckknöpfe gemäß der Markierung im Schnittmuster anbringen.

14. Die Druckknopfgegenstücke gemäß Markierung am Fliegengitter anbringen. Zur Verstärkung eine runde Scheibe aus Decovil light unterlegen.

15. Zum Schluss die Taschen anknöpfen.

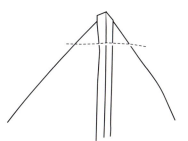 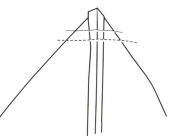 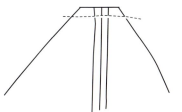

119

SCHLAFMASKE

für ein entspanntes Nickerchen zwischendurch

ANLEITUNG

1. Den Überzug für das Gummiband rechts auf rechts legen und an der Längskante zusammennähen, mithilfe einer Sicherheitsnadel wenden und anschließend die Naht auseinanderbügeln.

2. Das Gummiband einziehen, den Überzug so weit raffen bis die Enden des Gummibands mit den Enden die Überzugs zusammengenäht werden können.

3. Gemäß der Markierung im Schnittmuster das Gummiband mit Überzug an beiden Seiten des Schnittteils aus Stoff A rechts auf rechts annähen.

4. Das Schnittteil aus Stoff B rechts auf rechts auf das Teil aus Stoff A heften, sodass das Gummiband zwischen beiden Teilen liegt. Bis auf eine Wendeöffnung von ca. 5 cm rundherum zusammennähen.

5. Die Nahtzugabe knappkantig zurückschneiden, die Schlafmaske wenden und die Wendeöffnung mit Handstichen schließen.

6. Für die Schleife Schnittteil 1 gemäß Markierung falten und mit Handstichen mittig kräuseln, zusammenziehen und vernähen. Aus Schleifenteil 2 ein Band falten, um die Mitte der Schleife legen und mit Handstichen vernähen. Dann die Schleife gemäß Markierung annähen.

SCHWIERIGKEITSGRAD 1

GRÖSSE
ca. 20 cm x 10 cm

MATERIAL
- Baumwollbatist gemustert (Stoff A), 40 cm x 80 cm
- Baumwollstoff in Dunkelgrau (Stoff B), 15 cm x 25 cm
- Stoffrest in Pink für Schleife

- Volumenvlies zum Aufbügeln, 25 cm x 30 cm
- Gummiband, 4 cm breit, 40 cm lang

ZUSCHNITT
- Die Teile gemäß Schnitt mit 1 cm Nahtzugabe zuschneiden. Das Volumenvlies auf die linke Stoffseite der beiden Schnittteile aus Stoff A bügeln. ((Genauer, welche Teile/welche Stoffe))

- Überzug für Gummiband aus Stoff A: 12 cm x 80 cm

SCHNITTMUSTER
Die Vorlagen zu dieser Anleitung steht im TOPP Download-Center unter www.topp-kreativ.de/downloadcenter nach erfolgter Registrierung zum Download bereit. Der Code zum Freischalten finden Sie im Impressum (PDF-Seite 258).

UND SO GEHT'S

STOFFZUSCHNITT DIE WICHTIGSTEN FACHBEGRIFFE

Fadenlauf Bei gewebten Stoffen werden längs laufende Fäden Kettfäden, quer laufende Fäden Schussfäden genannt. Der Längsfadenlauf bezeichnet die Richtung des Kettfadens und verläuft parallel zu den Webkanten.

Tipp: Bei Druckstoffen verläuft das Muster nicht immer exakt mit dem Querfadenlauf, besonders bei grafischen und großen Mustern kann das optisch auffallen. Soll das Muster am Modell gerade verlaufen, orientiert man sich beim Zuschnitt mehr nach der Musterrichtung statt dem Fadenlauf.

Füßchenbreit, knappkantig und schmalkantig absteppen Beim füßchenbreiten Absteppen wird die Stoffkante exakt entlang der rechten Nähfußkante geführt. Beim knappkantigen Steppen wird ca. 1 mm, beim schmalkantigen Steppen ca. 2 mm von der Kante oder Naht entfernt genäht.

Nahtschatten Auf der rechten Stoffseite exakt in einer zuvor genähten Verbindungsnaht entlang nähen, um innen- oder darunterliegende Stofflagen mitzufassen.

Naht- und Saumzugabe Abstand zwischen Nählinie und Schnitt- bzw. Stoffkante. In der Anleitung wird angegeben, in welcher Breite Zugaben in den Schnittteilen bereits enthalten sind oder ob sie noch hinzugefügt werden müssen.

Nahtzahlen Gleiche Zahlen an unterschiedlichen Teilen müssen beim Zusammenfügen immer genau aufeinander treffen.

Rechte/Linke Stoffseite Die schöne Oberseite, die beim fertigen Modell außen zu sehen ist, wird als rechte, die Rückseite als linke Stoffseite bezeichnet. Bei Druckstoffen ist die Rückseite deutlich heller.

Rechts auf rechts Ein Stoffteil wird mit der rechten Seite auf die rechte Seite eines anderen Stoffteils gelegt, die linken Stoffseiten zeigen also jeweils nach außen.

123

Stoffbruch Ist nur der halbe Schnitt für ein symmetrisches Teil auf dem Schnittmusterbogen abgebildet, ist die gerade Kante mit „Stoffbruch" beschriftet und/oder durch eine gestrichelte Linie markiert. Um die fehlende Hälfte gegengleich und ohne Naht zu ergänzen, wird der Stoff vor dem Zuschnitt gefaltet bzw. doppelt gelegt. Die gerade Kante des Schnittteils wird nun genau an diesem Knick, dem sogenannten Stoffbruch angelegt und das Schnittteil aus der doppelten Stofflage ausgeschnitten. Der Stoffbruch entspricht gleichzeitig dem geraden Fadenlauf.

Webkante Beim Weben eines Stoffes entstehen seitlich in Längsrichtung die Webkanten, die parallel zum Längsfadenlauf liegen. Die Webkanten sind sauber abgeschlossen und fransen im Gegensatz zu Schnittkanten nicht aus. Da sie in der Regel etwas fester sind als der restliche Stoff, sollten sie, außer als Nahtzugaben, beim Zuschneiden nicht einbezogen werden. Manchmal sind auf den Webkanten Angaben des Herstellers aufgedruckt, teils in bunten, dekorativen Schriftzügen – sie können als Ziereffekt am Nähobjekt eingesetzt werden.

NAHTZUGABEN BESCHNEIDEN

Nach dem Zusammennähen der Stoffkanten kann es erforderlich sein, Nahtzugaben an bestimmten Stellen zu bearbeiten, damit sie sich im gewendeten Zustand besser der Form anpassen und nicht auftragen. Dafür eine Schere mit scharfer Spitze verwenden und nie näher als ca. 2 mm an die Nahtlinie heran schneiden.

Innenrundungen Die Nahtzugaben im rechten Winkel zur Nahtlinie einschneiden, damit sie sich nach dem Wenden dehnen können. Je enger die Kurve, desto mehr Einschnitte sind erforderlich.

Außenrundungen Die Nahtzugaben einkerben, sonst würden sie sich nach dem Wenden durch die Mehrweite wellen. Mehrere kleine Kerben sind effektiver als wenige große.

Innenecken Die Zugaben einmal bis kurz vor die Nahtlinie einschneiden.

Außenecken Die Nahtzugaben schräg abschneiden, damit sie in den gewendeten Ecken nicht auftragen.

Nahtzugaben zurückschneiden

Besonders bei sehr kleinen und schmalen Schnittteilen wie z. B. Stofftierchen und bei wenig fransenden Stoffqualitäten kann die Nahtzugabe an Rundungen auch auf ca. 3-4 mm Breite zurückgeschnitten werden statt sie einzuschneiden bzw. einzukerben. An Wendeöffnungen sollten jedoch mindestens 7 mm Zugabe bleiben.

Tipp: An Wendeöffnungen die Nahtzugaben bügeln oder mit dem Fingernagel glatt streichen, erst dann das Stoffteil wenden. Dadurch liegen die Kanten schöner zum Zusammenfügen.

APPLIZIEREN

Applikationen sind Stoffmotive, die mit der Maschine oder von Hand aufgenäht werden. Schnell und einfach geht das Applizieren mit Vliesofix-Haftvlies, das auf Spezialpapier aufgebracht ist. Mit dem Vlies können zwei Stoffe durch Bügeln verbunden werden. Dies verhindert beim Aufnähen das Verrutschen des Motivs sowie Faltenbildung. Es ist empfehlenswert, beim Bügeln ein dünnes Tuch oder Backpapier zwischen Vliesofix und Bügeleisen zu legen, damit nichts am Eisen haften bleibt. Immer eine Nähprobe machen.

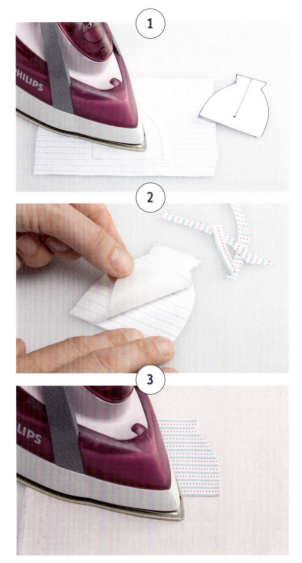

1. Die Vorlage auf die Vliesofix-Papierseite legen und die Konturen mit Bleistift übertragen. Oder das Motiv unter das Vlisofix legen, denn das Papier ist leicht transparent. Bei asymmetrischen Motiven, wie z. B. bestimmten Buchstaben und Zahlen, darauf achten, dass sie spiegelverkehrt aufgezeichnet werden, damit sie später richtig erscheinen. Das Motiv großzügig ausschneiden und mit der rauen Klebeseite auf die linke Seite des Applikationsstoffs legen. Nun das Motiv mit mittlerer Temperatur fünf Sekunden trocken aufbügeln und abkühlen lassen.

2. Das Motiv exakt entlang den Außenkonturen ausschneiden (keine Nahtzugabe erforderlich!) und die Papierschicht vom Vliesofix abziehen.

3. Danach das Motiv umdrehen und mit der beschichteten Fläche nach unten auf den gewünschten Stoffuntergrund legen. Mit niedriger bis mittlerer Temperatur und Dampf zehn Sekunden aufbügeln, das Bügeleisen dabei nicht schieben, sondern schrittweise aufdrücken.

4. Das Motiv entlang der Schnittkanten mit einem kleinen und eng eingestellten Zickzackstich (Satinstich) aufnähen und darauf achten, dass die Kanten gleichmäßig schön umschlossen werden. Für präziseres Nähen bei einer engen Außenrundung sollte der Stoff immer wieder etwas weitergedreht werden. Dazu stoppen, wenn sich die Nadel in rechter Position befindet bzw. neben dem Applikationsmotiv im Stoffuntergrund steckt, dann den Nähfuß anheben, den Stoff minimal drehen, Fuß wieder senken und weiternähen. Fortlaufend einige Stiche nähen und den Stoffdreh-Vorgang wiederholen, bis die Rundung fertig genäht ist. Innenrundungen ebenso arbeiten, jedoch stoppen, wenn sich die Nadel in linker Position befindet bzw. im Applikationsmotiv steckt. Bei einer rechtwinkligen Ecke stoppen, wenn die Nadel rechts im Stoffuntergrund steckt, Stoff drehen und weiternähen – einige Stiche überlappen die zuletzt genähten Stiche. Bei spitzen Winkeln wie z. B. Sternspitzen, beginnen Sie kurz vor der Spitze schrittweise die Stichbreite zu reduzieren. Nach dem Drehen des Stoffs vergrößern Sie diese langsam, bis die vorherige Breite wieder erreicht ist.

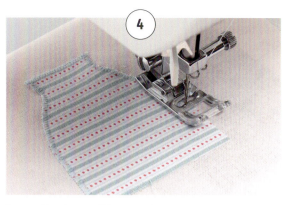

Weitere Tipps

- Für komplexere Motive aus mehreren Teilen (z. B. Schriftzug) die Konturen mittels Transparentpapier und Bügelmuster-Transferstift auf den Stoffuntergrund übertragen, der verziert werden soll, so können die Applikationen exakt platziert werden.
- Zum Applizieren je nach gewünschter Wirkung einen gleich- oder andersfarbigen Faden wählen. Rayonstickfaden sorgt für besonders glänzende und dichte Satinstiche. Dazu eine Sticknadel in der Stärke 70 oder 80 einsetzen.
- Empfehlenswert ist, mit einem Applikationsfuß zu arbeiten, denn er ist vorne offen und ermöglicht so eine optimale Sicht auf die Applikationskante.
- Falls die Nähmaschine die Funktion „Nadelstopp unten" hat, diese einstellen.
- Zum Sichern der Naht keine Rückstiche nähen, sondern den Oberfaden zur Rückseite ziehen und mit dem Unterfaden verknoten. Oder die Taste „Vernähfunktion" wählen, falls die Nähmaschine damit ausgestattet ist – diese verriegelt die Naht automatisch mit ein paar Stichen.
- Ausreißbares Stickvlies, das auf die Rückseite des Untergrundstoffes gebügelt wird, verhindert ein Wellen oder Zusammenziehen des Stoffes. Nach dem Nähen wird das Vlies vorsichtig ausgerissen.
- Wer möchte, kann beim applizierten Motiv Details durch aufgenähte bunte Perlen, Pailletten, hübsche Knöpfe oder kleine Stickereien hervorheben.

KANTENABSCHLUSS MIT SCHRÄGBAND

Es gibt verschiedene Methoden, wie offene Stoffkanten dekorativ eingefasst werden können. Häufig wird dazu ein zugeschnittener Stoffstreifen oder ein fertiges, bereits vorgefalztes Schrägband angenäht.

Kante mit Ecken

1. Das Schrägband an einer Längskante auffalten, mit der rechten Seite auf die linke Stoffseite bzw. Rückseite der einzufassenden Kante legen, dabei mittig an einer geraden Kante beginnen: Bandanfang 1 cm breit nach innen umfalten, dann die Längskante bis zur ersten Ecke bündig feststecken. Das Schrägband im Falz entlang festnähen, jedoch nahtzugabenbreit vor der Ecke stoppen und die Naht verriegeln.

2. Das überstehende Schrägband senkrecht nach oben klappen, so dass sich zur Ecke hin eine Diagonale bzw. ein 45° Winkel bildet.

3. Dann das Band wieder nach unten klappen, dabei schließt die Bruckante bündig mit der oberen Längskante ab. Das Band bis vor der nächsten Ecke feststecken und ebenso festnähen.

4. Auf diese Weise fortfahren, bis alle Ecken genäht sind. Am Ende das Band 1 cm über den Bandanfang legen und den letzten Abschnitt festnähen.

5. Nun das Band um die Kante herum legen und auf der rechten Stoffseite bzw. der Vorderseite so feststecken, dass die Ansatznaht verdeckt ist. An den Ecken diagonale Falten legen. Das Band knappkantig feststeppen.

Kante ohne Ecken

1. Das Schrägband an einer Längskante auffalten, mit der rechten Seite auf die linke Stoffseite bzw. Rückseite der einzufassenden Kante legen, dabei mittig an einer geraden Kante beginnen: Bandanfang 1 cm breit nach innen umfalten, dann die Längskante bündig feststecken, am Ende das Band 1 cm über den Bandanfang legen. Nun das Band im Falz entlang festnähen.

2. Danach das Band um die Kante herum legen und auf der rechten Stoffseite bzw. der Vorderseite so feststecken, dass die Ansatznaht verdeckt ist. Das Band knappkantig feststeppen.

HANDSTICHE

Leiterstich Der unsichtbare Leiterstich, häufig auch hohlgenähter Staffierstich genannt, eignet sich besonders gut zum Zusammennähen von zwei eingeschlagenen Stoffkanten, z. B. an einer kurzen offenen Nahtstelle bei verstürzten Stoffteilen, die nur von außen zugänglich ist.

1. Im Bruch der gefalteten Stoffkante ausstechen. Dann direkt gegenüber in die andere Bruchkante ein- und nach einer Stichlänge von 3-4 mm ausstechen.

2. Den nächsten Stich wieder exakt gegenüber in die andere Bruchkante einstechen, durchführen und nach gleicher Stichlänge ausstechen.

3. Nach einigen Stichen den Faden anziehen, sodass sich die Kanten dicht zusammenfügen.

DIE AUTORINNEN

Karin Roser Bereits mit neun Jahren entdeckte Karin Roser ihre große Leidenschaft fürs Nähen, die sich seither wie ein „roter Faden" durch ihr Leben zieht. Im Vordergrund steht dabei für sie nicht in erster Linie das Ergebnis, sondern das eigentliche Tun, das Erfinden, das Nähen.

Mittlerweile arbeitet sie seit vielen Jahren als freischaffende Redakteurin, Designerin und Autorin mit Schwerpunkt Kreativität in Familie und Freizeit für verschiedene Fachzeitschriften und Bücher renommierter Verlage.

Und weil sie ihre Liebe zum Selbermachen auch gern mit anderen teilt, vor allem in geselliger, fröhlicher Runde, leitet sie zudem Workshops rund um das Thema Nähen. Hier vermittelt sie u. a. ihr besonderes Faible für Upcycling und zeigt, welch Potenzial in ausgedienten Dingen steckt. Dabei ist kein Material vor ihr sicher!

Eva Scharnowski nähte bereits mit fünf Jahren an der Nähmaschine ihrer Mutter und seit dieser Zeit ist die Leidenschaft zu Stoffen und Nähmaschinen ungebrochen. Mit der Kunsthändlerausbildung und dem Textildesignstudium war der Weg zur Designerin für Deko-, Bekleidungs- und Automobilstoffe nicht mehr aufzuhalten.

IMPRESSUM

Der Freischalte-Code zum Download der Vorlagen lautet: 14100

MODELLE: Karin Roser (S. 22-49, S. 66-79, S. 92-105), Eva Scharnowski (S. 6-21, S. 50-65, S. 80-91, S. 106-120)

PRODUKTMANAGEMENT: Franziska Schmidt

LEKTORAT: Anja Fuhrmann, Berlin

FOTOS: frechverlag GmbH, Turbinenstraße 7, 70499 Stuttgart; lichtpunkt, Michael Ruder, Stuttgart

LAYOUT: Heike Köhl

DRUCK UND BINDUNG: Neografia, Slowakei

Materialangaben und Arbeitshinweise in diesem Buch wurden von den Autorinnen und den Mitarbeitern des Verlags sorgfältig geprüft. Eine Garantie wird jedoch nicht übernommen. Autorinnen und Verlag können für eventuell auftretende Fehler oder Schäden nicht haftbar gemacht werden. Das Werk und die darin gezeigten Modelle sind urheberrechtlich geschützt. Die Vervielfältigung und Verbreitung ist, außer für private, nicht kommerzielle Zwecke, untersagt und wird zivil- und strafrechtlich verfolgt. Dies gilt insbesondere für eine Verbreitung des Werkes durch Fotokopien, Film, Funk und Fernsehen, elektronische Medien und Internet sowie für eine gewerbliche Nutzung der gezeigten Modelle. Bei Verwendung im Unterricht und in Kursen ist auf dieses Buch hinzuweisen.

1. Auflage 2016

© 2016 frechverlag GmbH, Turbinenstraße 7, 70499 Stuttgart

ISBN 978-3-7724-6433-1 • Best.-Nr. 6433

HILFESTELLUNG ZU ALLEN FRAGEN, DIE MATERIALIEN UND KREATIVBÜCHER BETREFFEN: FRAU ERIKA NOLL BERÄT SIE. RUFEN SIE AN: 05052/911858*

*normale Telefongebühren

DANKESCHÖN

Wir danken folgenden Firmen für die freundliche Unterstützung bei diesem Buch: MEZ GmbH, www.mezcrafts.com
Freudenberg Vliesstoffe KG, www.vlieseline.de
Gütermann GmbH, www.guetermann.com
PRYM Consumer GmbH, www.prym-consumer.com
Rayher Hobby GmbH, www.rayher-hobby.de
Westfalenstoffe AG, www.westfalenstoffe.de